Eugène GRISELLE

DOCTEUR ÈS LETTRES

SERMON

DE

BOURDALOUE

SUR LA

PENSÉE DE LA MORT

ÉDITION CRITIQUE

avec des extraits du texte inédit tiré d'un recueil contemporain

(Ms. Phelipeaux)

PARIS

SOCIÉTÉ FRANÇAISE D'IMPRIMERIE ET DE LIBRAIRIE

ANCIENNE LIBRAIRIE LECÈNE, OUDIN ET Cie

15, Rue de Cluny

1901

SERMON

DE

BOURDALOUE

SUR LA

PENSÉE DE LA MORT

D

Eugène GRISELLE

DOCTEUR ÈS LETTRES

SERMON

DE

BOURDALOUE

SUR LA

PENSÉE DE LA MORT

ÉDITION CRITIQUE

avec des extraits du texte inédit tiré d'un recueil contemporain

(Ms. Phelipeaux)

PARIS

SOCIÉTÉ FRANÇAISE DE LIBRAIRIE

ANCIENNE LIBRAIRIE LECÈNE, OUDIN ET Cⁱᵉ

15, Rue de Cluny

1901

Page 15. — Note 4, dernière ligne, lire *page 20*, note 3, au lieu de page 18, note 3.

Page 16. — Note 3, lire Introduction *page 11*, au lieu de page 9.

Page 19. — Note 2, Voir notice *page 15*, au lieu de page 13.

Page 64. — Note 117, Voir *page 44*, ligne 16, au lieu de page 42, et *page 34*, au lieu de page 32.

BOURDALOUE

I. — Biographie.

BOURDALOUE (Louis) (1632-1704), né à Bourges, on ne sait
au juste quel jour, baptisé le 29 août 1632 ; fait ses études au
collège des Jésuites de Bourges, 1640-1647 ; soutient en 1647
sa thèse publique de droit et de physique au présidial de
Bourges ; entre dans la Compagnie de Jésus, à Paris, le 10
octobre ou novembre 1648 ; enseigne la grammaire et les
humanités à Amiens de 1650 à 1653 ; les humanités, à Orléans,
1654-1655 ; fait ses études de philosophie et théologie, 1655-1659,
à Paris, où il est ordonné prêtre en 1660 ; enseigne la rhéto-
rique, la philosophie, puis la théologie morale à Rouen,
1660-1663 ; fait sa troisième année de probation à Nancy en
1664 ; est préfet des études au collège d'Eu et prédicateur à
l'église du collège, 1665-1666 ; prédicateur à Amiens, 1666-1667 ;
à Rennes, 1667-1668 ; à Rouen, 1668-1669 ; envoyé à la Maison
professe de Paris, à la fin de 1669, il y reste jusqu'à sa mort,
13 mai, mardi de la Pentecôte, 1704 [1].

II. — Bibliographie.

L'édition princeps de Bourdaloue, ou mieux la double
édition originale, l'une in-8, l'autre in-12, à laquelle le
P. Bretonneau travailla, parut de 1707 à 1734 (l'in-12 ne com-
mença qu'en 1708). Les seize volumes in-octavo et les dix-huit
volumes in-douze furent imprimés chez Rigaud, l'imprimeur
du roi, sauf les *Pensées* (2 vol. in-8, 3 vol. in-12), publiées chez

[1] Cette notice est tirée de la *Bibliographie critique de Bourdaloue*,
à laquelle je renvoie pour le détail des éditions et des ouvrages sur
Bourdaloue : *Bibliothèque des Bibliographies critiques, publiée par
la Société des Études historiques : Bourdaloue*, par E. Griselle S. J.,
professeur à l'Université catholique de Lille. Paris, Picard, 1900, in-8.

Cailleau, etc. Aucune des innombrables réimpressions de cette édition, la première, ou mieux la seule donnée jusqu'aujourd'hui, n'a apporté un progrès qui ne fût payé par une compensation. Des remaniements arbitraires dans la disposition des diverses parties ont plutôt gâté qu'amélioré le travail de Bretonneau.

Les éditions clandestines, publiées du vivant de Bourdaloue, dès 1692 (un carême et des sermons de fêtes), donnent un texte assez souvent conforme à celui des manuscrits contemporains, dûs aux copistes qui recueillaient, pour en trafiquer, les sermons prêchés dans les églises. Sans le secours de la sténographie, mais à l'aide de nombreuses abréviations, et surtout en s'associant en nombre pour saisir tout le sermon et le reconstituer à l'aide de leurs notes, ils parvenaient à se procurer assez fidèlement le texte des diverses prédications. Ce sont ces recueils qui nous fournissent le moyen de retrouver, prise sur le vif, la prédication de Bourdaloue.

On rencontrera, dans l'*Histoire critique de la prédication de Bourdaloue* [1], une liste détaillée des manuscrits explorés jusqu'ici. Voici le nom et la provenance de ceux qui contiennent soit le sermon *sur la Pensée de la mort*, soit les sermons *sur la Préparation à la mort*, d'où sont tirés des rapprochements avec le texte de l'édition :

A. Manuscrit 25 de la Bibliothèque communale d'Abbeville, in-4 de 277 folios contenant trente sermons copiés au XVIIe siècle. Le recueil a été collationné et annoté, antérieurement à l'époque de l'édition princeps, par un amateur qui renvoie aux éditions clandestines et à des *Essais de sermons*, collection faite par l'abbé de Bretteville, dans laquelle sont résumés des sermons de Bourdaloue. Les *Essais* avaient paru dès 1684 [2]. La *Revue des Sciences ecclésiastiques* (octobre 1901) a publié le sermon *sur la Préparation à la mort*, intéressant à comparer avec le texte de Bretonneau.

J. Recueil Joursanvault, collection de cinq sermons (copies

---

[1] *Bourdaloue, Histoire critique de sa prédication d'après les notes de ses auditeurs et les témoignages contemporains,* par Eugène Griselle, S. J., Docteur ès lettres, Maître de Conférences aux Facultés catholiques de Lille. Paris, Lecène, 1901, 1054 pp., en 2 vol. in-8.

[2] V. *Bibliographie critique*, p. 4.

du temps, réunies par cet amateur.) On y voit un sermon *sur la Cérémonie des Cendres* et un autre, intitulé *De la mort,* qui est le doublet, sauf des variantes intéressantes, du manuscrit *sur la Préparation à la mort* du recueil d'Abbeville.

P. III. C'est le troisième volume du recueil en quatre tomes formé par l'abbé Jean Phelipeaux, vicaire général de Bossuet, (fonds français, 22945-22948. V. *Histoire critique,* p. XXXIII, et *Sermons inédits,* p. 5). Sur ce troisième tome, V. *Sermons inédits,* p. 259. Il contient, seul de tous les manuscrits que je connaisse, le sermon entier *sur la Pensée de la mort,* dont on lira ici de nombreux extraits.

T. Le manuscrit de la Mazarine 1061, ou manuscrit Tournemeulle, du nom inscrit en tête du recueil, n'est qu'une collection de fragments recueillis par un amateur. On y voit deux passages du sermon *sur la Pensée de la mort.*

Quant au ms. **N** (de Munich) qui contient ce sermon entier, et **I,** recueil du fonds Harlay, trois volumes du fonds français 19435-19437, donnant quelques extraits, ce ne sont que des copies faites sur l'imprimé, incapables de servir à établir le texte.

SERMON SUR LA PENSÉE DE LA MORT

INTRODUCTION

Sans prononcer sur la valeur des sermons de Bourdaloue, ni établir entre eux des différences, on avouera que le choix du sermon *sur la Pensée de la mort* est des plus heureux [1]. Il ne faut pas faire aux discours sacrés de Bourdaloue le tort ou l'injure de les juger comme des pièces d'éloquence; ils n'en méritent pas moins d'être étudiés par les hommes de goût. A ce titre, la préférence donnée au sermon *sur la Pensée de la mort* est aisée à justifier. Sainte-Beuve, à qui nul refuse le sens littéraire, avait été assez vivement touché par ce sermon pour lui consacrer une page digne d'être citée : « Je ne crois pas, écrivait-il, qu'il n'y ait rien de plus parfait dans le genre pur du sermon que ce discours qui fut fait pour le mercredi des Cendres 1672 » (lisez 1671) [2]. Il y voit comme résumés les mérites de ce « démonstrateur chrétien qui, de ces trois choses proposées à l'orateur ancien, instruire, plaire, émouvoir, ne songe qu'à la première, méprise la seconde et est bien sûr d'arriver à la troisième par la force même de l'enseignement et la nature pénétrante de la vérité. S'il a, comme on l'a dit, quelque chose de Démosthène, c'est en cela [3]. » Cette qualité maîtresse de Bourdaloue, indépendante des retouches qu'a pu subir son œuvre, est bien une éloquence d'un genre à part. On l'a remarqué fort justement, elle « réside tout entière dans la puissance de la volonté et dans l'énergie de la conviction, qui s'emparent invinciblement de ceux qui l'écoutent.... Elle consiste... dans la marche inces-

[1] Programme des auteurs à expliquer pour l'examen de la Licence ès lettres. Faculté des lettres de l'Université de Lille : BOURDALOUE, *Sermon sur la pensée de la mort.*

[2] SAINTE-BEUVE. *Causeries du lundi,* t. IX, 3ᵉ édit., p. 269.

[3] *Ibid.,* p 270.

sante du raisonnement qui avance à chaque pas sans reprendre haleine [1]. »

Un beau témoignage est rendu à cette puissance oratoire de la sincérité par l'auteur des *Lundis*. « En lisant ce sermon sur la pensée de la mort, poursuit-il, et à mesure que j'avançais, je sentais s'évanouir ces vagues idées d'un Dieu non chrétien, d'un Dieu *des bonnes gens* qui se sont aujourd'hui glissées insensiblement dans toutes les âmes. Je sentais s'évanouir également ces idées naturelles, ou plutôt de naturaliste et de médecin, qui ne s'y sont pas moins glissées ; ce qui faisait dire à Pline l'ancien que, de toutes les morts, la mort subite était la plus enviable et le comble du bonheur de la vie ; ce qui a fait dire également à Buffon que « la plupart des hommes meurent sans le savoir, et que la mort n'est pas une chose si terrible que nous nous l'imaginons ; que nous la jugeons mal de loin ; que c'est un spectre qui nous épouvante à une certaine distance, et qui disparaît lorsqu'on vient à en approcher de près. » Je sentais, au contraire, reparaître, présente et vivante, cette idée formidable de la mort au sens chrétien, idée souverainement efficace si on sait l'appliquer à toutes les misères et vanités, à toutes les incertitudes de la vie : ce fondement solide et permanent de la morale chrétienne m'apparaissait à nu, et se découvrait dans toute son étendue par l'austère exposition de Bourdaloue, et j'éprouvais que, dans le tissu serré et la continuité de son développement, il n'y a pas un instant de pause où l'on puisse respirer, tant un anneau succède à l'autre, et tant ce n'est qu'une seule et même chaîne. « Il m'a souvent ôté la respiration, disait Madame de Sévigné, par l'extrême attention avec laquelle on est pendu à la force et à la justesse de ses discours et je ne respirais que quand il lui plaisait de finir... »

« J'éprouvais encore que, sous la rigueur du raisonnement chez Bourdaloue, il se sent un feu, une ferveur et une passion comme chez Rousseau (pardon du choc de ces deux noms), sauf que celui-ci déclame souvent en raisonnant et qu'avec l'autre on est dans la probité pure. Je reconnaissais toute la différence qu'il y a entre le développement de Bourdaloue et celui de Massillon, ce dernier ayant plutôt un développement

[1] Ad. Hatzfeld. BOURDALOUE, *Sermons choisis*. Paris, Delagrave. 1884, in-12. Introduction, p. vi.

de luxe et d'abondance qui baigne et qui repose, et l'autre un développement de raisonnement et de nécessité qui enchaîne. » [1]

Il y aurait peut-être à défendre ici Massillon, d'ordinaire trop sacrifié, et je le ferais si c'était le lieu. Outre le danger de ces comparaisons qui, pour faire mieux saillir la manière d'un orateur, lui immolent trop souvent ceux qu'on lui oppose, il faut reconnaître la difficulté qu'on éprouve chaque fois que l'on met Bourdaloue en présence d'un de ses rivaux de la chaire sacrée : il semble qu'il lui manque à lui les qualités rencontrées dans les autres. C'est ainsi qu'il pâlit d'ordinaire dès qu'on entreprend un parallèle entre lui et Bossuet. Trop souvent on s'est obstiné dans cet exercice, qui est un jeu par bonheur un peu usé. J'ai déjà dit ailleurs [2] comment je crois inutile, et parfois injuste pour les deux figures qu'on y oppose, cette manière de mettre en regard deux portraits qui demandent au contraire à être considérés sous leur jour propre, et placés chacun à l'endroit favorable. Si des tableaux ont besoin d'être vus à un point déterminé, si c'est un art de les disposer à leur véritable centre, suivant l'expression de César, *collocare in bono lumine*, quel profit peut-on tirer de ces compositions d'école qui s'efforcent de mettre en contraste ou de rapprocher violemment les mérites d'orateurs dont les qualités natives sont d'ordre divers, les dons, (excellents chacun dans leur ligne,) souvent incomparables, au sens strict de ce mot, et les aptitudes tellement éloignées qu'elles ne gagnent rien à être étudiées ensemble ?.

Ce n'est pas à dire cependant que certaines œuvres de ces talents si dissemblables ne puissent jamais être comparées avec fruit, surtout si l'on a soin de les choisir de même nature et entourées en quelque sorte du même cadre des circonstances. C'est ainsi que le sermon de Bossuet sur la mort, prêché au Louvre en 1662, le mercredi de la quatrième semaine de carême, inviterait, par son sujet et le point de vue même adopté par l'orateur, à un rapprochement avec le discours de Bourdaloue. M. Hatzfeld, dans son excellente édition classique des sermons choisis de Bourdaloue, a esquissé cette comparaison : « Tous deux, dit-il, se rencontrent en ce point,

---

1 Sainte-Beuve, *Causeries du Lundi*, T. IX, p. 271.
2 BOURDALOUE, *Histoire critique de sa prédication*, p. 640, note 5.

que ce n'est pas tant de la mort qu'ils parlent à leurs auditeurs, que des réflexions que le chrétien doit faire au sujet
de la mort. » Mais le critique conclut, et, avec raison, sans
s'étonner : « On va voir, toutefois, que les orateurs ont suivi
des plans différents. » Et M. Hatzfeld montre comment
Bossuet, analysant la double nature de l'homme, étudiant son
corps périssable et son âme immortelle, nous fait conclure à la
hauteur de notre destinée et aux devoirs qu'elle nous impose.
« Bourdaloue, ajoute-t-il, développant au contraire presque
uniquement ce qui se rapporte à l'existence présente, analyse
la vie même de l'homme pour la régler par la pensée de la
mort », lui enseignant à dompter ses passions entrainantes,
à éclairer ses desseins aveugles, à diriger les actions d'une
volonté flottante. »

Ces sortes de rapprochements sont donc utiles lorsqu'on
a la bonne pensée de les arrêter à temps, comme a fort bien
fait l'éditeur des *Sermons choisis* [1].

L'écueil serait de les conduire trop loin; et c'est en cela que
les comparaisons entre les manières diverses des auteurs ou
les différentes façons dont un même auteur entend et traite une
idée, au lieu d'éclairer et d'élargir l'esprit, lui sont funestes.
Il est difficile aux critiques de présenter deux méthodes,

---

[1] Soit dans la notice qui précède le sermon (p. 81), soit dans
l'*Introduction* même (p. XVIII), M. Hatzfeld s'est borné à montrer
« clairement en quoi la prédication de Bourdaloue diffère de celle de
Bossuet. » (p. XIX) Il apporte, en effet, preuves en main, un très juste
correctif au jugement vraiment étroit de Nisard. Celui-ci, après avoir
nettement fait ressortir le caractère moral de la prédication de Bourdaloue, n'en conclut pas moins qu'il faut inscrire cet élément au
chapitre des « pertes. » Cette conception même de Nisard consistant à
établir le bilan de notre littérature, suivant un idéal en somme très
subjectif, devait amener l'historien à oublier sans cesse son rôle, ou
plutôt elle était le contrepied même de la notion de l'histoire et même
de la critique, laquelle, avant de juger et pour juger, doit s'efforcer
de connaître et de comprendre. Qui dira que le très savant critique
ait pu comprendre Bourdaloue, lorsqu'il en abordait la lecture sous
l'empire de cette idée dont M. Hatzfeld relève l'exagération : « Bossuet
pouvait donner au sermon son vrai caractère, qui est d'être un enseignement de foi *avant* d'être un enseignement de morale ? » Or, la
manière dont Nisard entendait, bien mal à propos, il le faut avouer,
la *prédominance* de la morale sur le dogme, qu'il croit voir en
Bourdaloue, le devait conduire à découvrir dans cet orateur « le commencement d'une décadence », à plus forte raison à porter contre
Massillon un jugement entièrement à reviser. — L'*Introduction* de
M. Hatzfeld réfute cette erreur de Nisard et sa façon inexacte de
concevoir le rôle et la place du dogme dans la chaire sacrée.

deux plans de discours, sans les faire suivre, en les jugeant, de l'affirmation de leur préférence personnelle. Beaucoup en sont à croire qu'il n'y a qu'une bonne manière de concevoir et de traiter un sujet, et qu'au moins, l'une est nécessairement supérieure et préférable à toutes les autres, celle qui leur agrée. Un très petit nombre ont l'esprit assez compréhensif pour admettre que deux compositions, ayant chacune un point de vue distinct, peuvent être « également » bonnes, et que toute comparaison ne doit pas inévitablement conclure à une préférence. Ce serait cette déclaration qui devrait, si je ne me trompe, précéder une étude comparative du sermon de Bossuet *sur la Mort* et de celui de Bourdaloue *sur la Pensée de la mort*. S'il n'est point possible d'omettre la comparaison des deux œuvres, il n'est pas nécessaire qu'elle se résolve en un parallèle à l'ancienne méthode. La divergence même des points de vue détournerait d'essayer des comparaisons aboutissant à des préférences. Tout au plus serait-il permis de tenter des rapprochements de détail pour mettre en regard des pages empruntées à ces deux morceaux. On peut, en effet, reconnaître, sinon toujours dans l'œuvre oratoire de Bourdaloue telle que nous l'a transmise l'édition, du moins dans les copies contemporaines qui nous livrent les sermons tels qu'ils furent entendus, des passages qui rappellent la manière de Bossuet. Plusieurs ne sont ni moins saisissants ni moins beaux que des fragments du célèbre sermon de Bossuet sur la mort. Sans témérité, on pourrait. les trouver supérieurs encore par la vigueur et l'intensité de touche, si, comme je l'ai dit, ces préférences n'impliquaient un élément subjectif et exclusif, qu'il vaut mieux écarter pour goûter séparément et successivement les deux auteurs.

Il est à remarquer, en effet, que les leçons que nous ont conservées les copies du temps, sont dignes d'être étudiées, et en elles-mêmes, et par comparaison avec la rédaction, due peut-être aux retouches de Bretonneau. Moins *écrites*, au sens littéraire de ce mot, elles sont pourtant d'un style plus vrai, qui sent davantage la chaire, et dont la saveur propre prouve que le sermon était *dit*, tel que le scribe l'a saisi au vol.

Je n'ai jusqu'ici rencontré dans les recueils anciens qu'un seul texte complet de ce sermon, celui de la collection

Phelipeaux et deux fragments dans un autre manuscrit [1].
Les autres recueils, sans doute parce que le sermon *sur
la Pensée de la mort* fut moins souvent repris, n'offrent
guère pour le mercredi des Cendres que le thème de la
signification des Cendres, gardé dans l'édition sous le titre
de *Autre Sermon pour le Mécredi des Cendres, sur la Cérémonie
des Cendres*. Mais par contre on retrouve à plusieurs reprises
le sermon *sur la Préparation à la mort*, dont le sujet et les
développements sont assez voisins du discours *sur la Pensée
de la mort*. Des comparaisons instructives sont à faire à cette
occasion entre des passages à peu près parallèles. L'annotation
nous permettra des rapprochements et des remarques qui
nous aideront à mieux saisir la manière de Bourdaloue, et à
suivre, pour ainsi parler, l'évolution de sa pensée, comme on
a pu le faire pour divers passages de Bossuet, répétés dans
ses sermons ou ses oraisons funèbres avec des différences de
formes très intéressantes. Il reste cependant une infériorité
dans l'intérêt de cette étude appliquée à Bourdaloue. Faute de
dates permettant de comparer chronologiquement les diverses
reprises ou redites dont l'époque ne nous est point connue,
on ne peut suivre, comme pour Bossuet, la marche et le
progrès d'une pensée qui se mûrit en quelque sorte et se
précise.

[1] J'ai cité abondamment dans les notes ces relations des scribes,
l'une complète, due au manuscrit Phelipeaux, au tome III du recueil
de sermons, l'autre fragmentaire, tirée du manuscrit de la Bibliothèque
Mazarine 1061, copié sans doute par ce Tournemeulle, qui semble avoir
couru les sermons pour recueillir les plus beaux passages. J'en avais
déjà cité la plus grande partie dans mon *Histoire critique de la
Prédication de Bourdaloue*, p. 101 et suivantes. On avouera que
l'amateur, qui avait recueilli ces morceaux, n'avait pas eu mauvais
goût. Il faudra aussi comparer le sermon *sur la Pensée de la mort*
avec le quatrième point du manuscrit d'Abbeville *sur la Préparation
à la mort* (Cf. *ibid.*, p. 108 et suivantes, et *Rev. des Sciences eccl.*
n° d'octobre 1901 et suiv.). Quant au manuscrit de Munich, contenant
ce sermon, conforme à l'édition, il n'a pu servir à établir cette édition,
ne fût-ce qu'à cause des lacunes dont il fourmille. — De plus, la composi-
tion toute factice de son second volume, où l'Avent se trouve achevé
par des sermons pris aux mystères, montre qu'il s'agit simplement
d'une transcription d'amateur, postérieure tout au moins à 1709. Pour
la même raison, il n'y a rien à tirer des manuscrits 9436-9437 du
fonds français (de l'ancien fonds Harlay), Extraits de sermons de
Bourdaloue, certainement du XVIII° siècle, et postérieurs à l'édition
d'où ils ont été transcrits. Bon nombre de passages du sermon *sur
la Pensée de la mort*, y compris des fragments de l'exorde, s'y rencontrent, mais sans aucune variante, et copiés sur l'imprimé.

Toutefois, même privée de cet élément, la série des développements inédits qu'il nous est donné de mettre en regard du texte connu, présente un profit littéraire qu'il faut se garder de négliger.

NOTICE

L'exorde seul nous permet de donner une date à ce sermon *sur la Pensée de la mort*, sans oublier cependant que le discours, sauf le début de circonstance, fut nécessairement repris en plus d'une occasion pour ouvrir quelqu'un des carêmes qui suivirent celui de 1671. Ce carême, prêché à Notre-Dame de Paris, était le second que le prédicateur donnait depuis son arrivée dans la capitale. Conjecturons donc, si nous voulons, qu'il avait, l'année précédente, commencé sa station de la Maison professe par le sermon *sur la Cérémonie des Cendres*. Le sermon *sur la Pensée de la mort*, auquel est adapté le début sur la mort de Péréfixe, aurait été en ce cas une « nouveauté » pour l'auditoire de ce carême. Au fond nous n'en savons rien, et Bourdaloue, dès son arrivée à Paris, ne se mettait guère en peine de ne point redire à une année de distance le même sermon [1].

Celui de la *Pensée de la mort* fut en tout cas repris en une autre occasion, sans son exorde et avec l'exorde du sermon de la cérémonie des Cendres, sur le texte *memento homo*, comme l'autre, ainsi qu'en témoigne le recueil de sermons que l'abbé Jean Phelipeaux nous a conservés. Supposons qu'en 1671, ce fut bien le thème de la pensée de la mort qui suivit le début après lequel l'éditeur nous l'a conservé et auquel il est soudé assez naturellement ; il nous est cependant impossible d'affirmer que le sermon entier, au moins sous la forme que lui a donnée l'édition avec ses retouches inévitables, a été entendu

---

[1] Par exemple celui du Vendredi saint, 4 avril 1670, qui fut *redit*, le public le sachant d'avance, le 27 mars de l'année suivante, à la même date liturgique. (V. *Histoire critique*, p. 307 et 345). « Je savois, écrit le 27 mars 1671, Madame de Sévigné, qu'il devoit redire celle (la Passion) que M. de Grignan et moi entendîmes *l'an passe* aux Jésuites ; et c'étoit pour cela que j'en avois envie... » (Ed. des Grands Ecrivains, t. II, p. 132). On voit que la perspective d'une redite attire, au lieu de la détourner, cette intelligente auditrice.

tel quel, le 11 février 1671, le jour où Bourdaloue inaugurait son carême de Notre-Dame.

Sauf ces réserves et ces précisions, on peut donc dire que le discours, ou mieux son exorde, est daté. Le sermon même, dans son développement, est indépendant des époques ou des années auxquelles il fut, nous ignorons combien de fois, choisi par l'orateur comme ouverture de ses carêmes. La date connue explique certaines expressions du discours qu'on n'a pas toujours regardées d'assez près. Le prédicateur, parlant de l'église, « que nous vîmes, dit-il, *il n'a que trois jours*, occupée à pleurer la perte de son aimable prélat », s'exprime très exactement. Il ne s'agit point des funérailles de l'évêque, qui dataient du 4 janvier, mais d'un service solennel, avec oraison funèbre prononcée par Fromentières, le samedi 7 février [1].

Le nom de l'archevêque dont Bourdaloue fait ici l'éloge, « M. de Péréfixe, archevesque de Paris », est l'unique annotation historique que Bretonneau ait fait imprimer en marge de l'édition [2].

Hardouin de Péréfixe de Beaumont était mort à soixante-cinq ans, dans la nuit qui précéda le 1er janvier 1671. C'était lui qui avait fait inviter Bourdaloue, d'accord avec le chapitre de Notre-Dame, après l'avoir entendu à la cour durant l'Avent de 1670 [3]. Il avait été dès 1644 précepteur de Louis XIV [4].

---

[1] Et non pas le vendredi, comme j'ai dit par erreur dans mon *Histoire critique*, p. 336.

[2] Ed. princeps, p. 2,

[3] V. mon *Histoire critique*, p. 314, note 3, au 1er novembre 1670, et pour l'invitation (26 mai 1670), p. 332.

[4] V. le beau livre de M. Lacour-Gayet, l'*Education politique de Louis XIV*, pp. 16-20 ; 71-78 ; 101-107 ; 142-150. Paris, Hachette, 1898, in-8. (Cf. Vicomte G. d'Avenel, *Les évêques et archevêques de Paris*. Paris, 1878, t. I, p. 329-343.) Outre l'*Institutio principis* (Paris, 1647), Péréfixe avait écrit une *Histoire du roi Henri le Grand* (1661), résumé bien fait, qui eut un succès durable. — J. J. Bel, dans son *Eloge historique de Pantalon-Phébus*, imprimé à la suite du *Dictionnaire néologique* de l'abbé Desfontaines (3e éd., Amsterdam, 1728, p. 55), donne, comme exemple de phébus, certaines phrases de l'*Éloge* de Péréfixe prononcé devant l'Académie, d'un ton des plus prétentieux, tirées du *Recueil des Harangues*, celle-ci, par exemple : « Et comme S. Bernard appelle l'Episcopat un fardeau redoutable aux Anges, j'oseray presque dire que si un Ange descendoit du Ciel, il ne pourroit s'acquitter des obligations pastorales dans toute la rigueur et la plénitude des Canons. » (Cet éloge est de l'abbé Cassagnes) p. 131 du *Recueil des Harangues*, cité plus bas, p. 18, note 3).

serpment

Abbé de Sablonceaux au diocèse de Saintes, il était appelé, le 10 juin 1648, à l'évêché de Rodez où il fut le prédécesseur immédiat du charmant biographe de saint Vincent de Paul, Louis Abély. Transféré à l'archevêché de Paris, par nomination royale du 30 juillet 1662, Péréfixe ne reçut ses bulles, avec le pallium, que le 24 mars 1664. Il eut à opérer des réformes qui firent plus d'un mécontent, et la question de Port-Royal lui attira beaucoup d'ennemis [1]. Bourdaloue, on le conçoit, dans un *éloge* qui n'est qu'une allusion de circonstance et un compliment aux vicaires capitulaires, ne devait entrer dans aucun détail [2].

Après ce début, moins impersonnel que d'ordinaire, le prédicateur aborde le sujet. C'était peut-être un de ses anciens sermons composés avant son arrivée à Paris, et dont la date, par la nature même du développement choisi, est indifférente. La division signalée déjà [3], « les passions, les délibérations et les actions dont se compose la trame de notre vie et que doit régler la pensée de la mort », est assez simple et naturelle, bien que présentée avec « certaines longueries d'apprêt », comme eût dit Montaigne. Elle distingue suffisamment ce sermon des autres points de vue auxquels s'est placé l'orateur dans ses autres discours sur la même matière. Exceptons toutefois le sermon *sur la Préparation à la mort*, surtout d'après la rédaction du manuscrit d'Abbeville, dont le quatrième point concorde de si près avec notre sermon que la parenté des deux œuvres est évidente.

Pour l'orthographe de Bourdaloue, bien qu'il ne soit pas impossible de la retrouver peut-être malgré l'absence des manuscrits originaux, et de la reconstituer à l'aide des lettres autographes découvertes jusqu'ici, il a paru à la fois plus sûr et plus utile de s'en tenir à la manière adoptée dans la col-

---

[1] Il avait invité Bossuet le 17 juin 1665 à prêcher pour l'ouverture de son premier synode un sermon peut-être retrouvé (V. mon étude *De munere pastorali Bossuet*). L'un des auditeurs, le prieur de Sainte-Geneviève, Philippe Gourreau, ami de Port-Royal, exhale à plusieurs reprises sa mauvaise humeur contre l'archevêque qu'il accuse d'avoir cherché la pourpre. V. *op. cit.*, p. 22, 124, 127, note 1. Cf. Sainte-Beuve, *Port-Royal*, 3ᵉ édit., t. VII, p. 290 (à la table).

[2] Pour les récits de la mort de l'archevêque, les cérémonies funèbres et les divers éloges prononcés en son honneur, v. mon *Histoire critique*, pp. 334-338, et p. 409, note d.

[3] Introduction, p. 9

lection des grands écrivains. Celle de l'édition princeps, qu'elle
soit de Bretonneau ou des imprimeurs, est trop arbitraire
pour qu'on se conforme utilement à ses archaïsmes et à sa
ponctuation. Celle des copistes est fantaisiste et sans rapport
avec celle de Bourdaloue. On l'a donc rajeunie, sauf pour les
formes des imparfaits anciens où la diphtongue *oi* est conservée.

Plusieurs notes de la seule édition classique que je connaisse
du sermon *sur la Pensée de la mort*, celle de M. Hatzfeld (1884) [1],

[1] L'édition publiée à la même librairie Delagrave en 1894, dans la
*Petite Bibliothèque des grands écrivains : Notice, analyse, extraits,
les Sermons de Bourdaloue*, par Jacques Porcher, ne contient pas
le sermon *sur la Pensée de la mort*. — Je ne connaissais pas cette
édition, non plus que celle de M. Hatzfeld, lorsque j'ai publié ma
Bibliographie de Bourdaloue, et n'ai pu que récemment me les procurer. Je n'ai, sauf des détails, que du bien à dire de celle de M. Hatzfeld.
(Il y faut rectifier cependant le titre de la p. XXVIII. Le P. Martineau
n'était pas confesseur de Bourdaloue et du duc de Bourgogne, mais,
comme le dit la notice de Bretonneau citée à la p. XXVII, « confesseur
de monseigneur le duc de Bourgogne et supérieur de la maison professe. » En qualité de supérieur de Bourdaloue, il n'était pas à coup
sûr son confesseur.)
Quant à la notice de l'édition Porcher, la partie biographique
surtout, elle est loin de mériter le même éloge. Les erreurs y abondent.
Ainsi la phrase : « Son père était conseiller au présidial et avait sa
sœur mariée à un Chamillart, p. 5. » C'est la sœur du prédicateur,
Anne, née en 1634, deux ans après lui, qui épousa en 1653 un Chamillart Villate, oncle du ministre. Le tableau des études de Bourdaloue, n'est pas heureux : « Il lit avec passion l'Ecriture et les
Pères : comme l'avait fait Bossuet, il s'en nourrit et s'en pénètre. »
(Ce rapprochement est au moins contestable et appelle des distinctions). « Puis il aborde les docteurs du moyen-âge, saint Bernard,
saint François d'Assise *(sic)*, saint Thomas... » — Saint François
d'Assise, qui doit être bien surpris de se voir compté parmi les docteurs, usurpe sans doute la place de son disciple et biographe saint
Bonaventure. Mais on s'explique par là qu'en plus d'un endroit l'auteur
de la notice paraisse peu familier avec le sujet qu'il traite. La connaissance *approfondie* de l'histoire ecclésiastique qu'il vante dans Bourdaloue étonne quelque peu. On surprend partout quelque inexpérience
du milieu dont parle l'éditeur. « Il (Bourdaloue) n'avait pas d'ambition :
il ne voulut pas être évêque, il n'entre pas à l'Académie, *il ne brigua
aucun grade dans son ordre*. » — Le prétendu voyage de Bourdaloue à
la Flèche, d'où il aurait été « rappelé » (p. 10) montre que la notice de
Bretonneau a été mal comprise. Quant au dernier sermon de vêture
de Bourdaloue, il n'est pas « du 11 mai 1704, deux jours avant sa
mort », mais du 1er mai (douze jours avant le mardi de la Pentecôte).
— Cette incompétence dépare l'œuvre, conçue cependant avec une
grande sympathie. Inutile de faire remarquer que les détails donnés
sur l'édition Bretonneau, présentée comme une pure « impression
des manuscrits déjà tout prêts » (p. 12), sont une grave erreur. Il

ont été citées parfois lorsqu'il y avait lieu de n'y rien changer [1].

On s'est préoccupé surtout ici de l'explication française, telle que la comporte le programme des examens de la licence ès lettres.

est étrange que M. Porcher ait pu écrire avec tant d'assurance : « Tous les autres discours, autres que les deux oraisons funèbres, restèrent manuscrits, mais furent revus et corrigés par l'auteur lui-même. »

[1] Les extraits tirés de cette édition et cités en note seront suivis de l'initiale (H).

SERMON POUR LE MERCREDI DES CENDRES

SUR LA PENSÉE DE LA MORT

Memento, homo, quia pulvis es, et in pulverem reverteris.

Souvenez-vous, homme, que vous êtes poussière, et que vous retournerez en poussière. *Ce sont les paroles de l'Église dans la cérémonie de ce jour* [1].

Il seroit difficile de ne s'en pas souvenir, chrétiens, lorsque la Providence nous en donne une preuve si récente, mais si douloureuse pour nous et si sensible. Cette église où nous sommes assemblés, et que nous vîmes, il n'y a que trois jours [2], occupée à pleurer la perte de son aimable prélat et à lui rendre les devoirs funèbres, nous prêche bien mieux par son deuil cette vérité, que je ne le puis faire par toutes mes paroles. Elle regrette un pasteur qu'elle avoit reçu du ciel comme un don précieux, mais que la mort, par une loi commune à tous les hommes,

------

[1] Les paroles de la Genèse (III, 19) : *Quia pulvis es et in pulverem reverteris*, qui ont servi à composer la phrase liturgique prise comme texte par Bourdaloue, sont données comme le thème du sermon *sur la Cérémonie des Cendres* dans les éditions. On conçoit, du reste, la suppression de l'idée de *Memento*, dont l'orateur, au 11 février 1671, devait tirer ses premiers mots : « Il serait difficile de ne pas nous en souvenir. » Pourtant, le sermon recueilli dans le tome III des manuscrits de Phelipeaux porte aussi ce texte complet : *Memento*, etc..., bien qu'il poursuive, comme le second sermon des Cendres : « *Paroles de malédiction*, etc... » V. *Histoire critique*, p. 98 et suiv., différents types de cet exorde sur les Cendres.

[2] C'est-à-dire à la cérémonie du service funèbre, le samedi 7 février (V. plus haut. Notice p. 13).

vient de lui ravir. Ni la noblesse du sang, ni l'éclat de la dignité, ni la sainteté du caractère, ni la force de l'esprit[3], ni les qualités du cœur, d'un cœur bienfaisant, droit, religieux, ennemi de l'artifice et du mensonge, rien ne l'a pu garantir du coup fatal qui nous l'a enlevé, et qui, du siège le plus distingué de notre France, l'a fait passer dans la poussière du tombeau. Vous, messieurs, qui composez ce corps vénérable [4], dont il étoit le digne chef, vous qui, par un droit naturellement acquis, êtes maintenant les dépositaires de sa puissance spirituelle, et que nous reconnoissons à sa place comme autant de pères et de pasteurs, vous, sous l'autorité et avec la bénédiction de qui je monte dans cette chaire pour y annoncer l'Évangile, vous n'avez pas oublié, et jamais oublierez-vous les

[3] Péréfixe, académicien et auteur, devait, dans le discours académique de Cassagnes, être loué de son « esprit » par des antithèses ridicules : « Comme Theologien, il avoit la connoissance des perfections de Dieu, comme Academicien, il étoit capable d'en donner la connoissance aux autres; comme Theologien, il ressembloit au Reservoir qui garde les eaux, comme Academicien, il ressembloit au Canal qui les distribuë; comme Theologien, c'étoit une nuée qui renfermoit en soy la matiere des pluyes; comme Académicien, c'était une nuée qui repandoit ses pluyes favorables pour rendre les ames fécondes en œuvres de piété et en fruits de pénitence. » *Recueil des Harangues prononcées par Messieurs de l'Académie françoise dans leurs receptions et en d'autres occasions differentes, depuis l'establissement de l'Académie jusqu'à present. A Paris, chez Jean-Baptiste Coignard, imprimeur ordinaire du Roy, et de l'Académie Françoise, ruë S. Jacques, à la Bible d'or MDCLXXXXVIII, in-4, 764 p.* — V. p. 114 et suiv.) — Quand on songe que ces deux manières de parler sont de la même époque, on ne peut que féliciter Péréfixe d'avoir été le sujet du court éloge de Bourdaloue ; on le plaindrait d'avoir eu ses autres panégyristes, si leurs écrits n'étaient oubliés.

[4] Le Chapitre de Notre-Dame qui, par ses vicaires capitulaires, gouvernait le diocèse pendant la vacance du siège. Le successeur de Hardouin de Péréfixe, nommé sans retard par le roi, Harlay de Champvalon, n'avait pas encore ses bulles et ne devait prendre possession que plus d'un mois après, le 18 mars. — Il faut remarquer cependant que la phrase de Bourdaloue paraît désigner le chapitre entier « sous l'autorité et avec la bénédiction de qui » il déclare monter dans cette chaire. — Sur la députation capitulaire qui,

témoignages de bonté, d'estime, de confiance que vous donna jusques à son dernier soupir cet illustre mort [5], et qui redoublent d'autant plus votre douleur, qu'ils vous font mieux sentir ce que vous avez perdu, et qu'ils vous rendent sa mémoire plus chère.

Cependant, après nous être acquittés de ce qu'exigeoient de nous la piété et la reconnoissance, il est juste, mes chers auditeurs, que nous fassions un retour sur nous-mêmes, et que, pour profiter d'une mort si chrétienne et si sainte, nous joignions la cendre de son tombeau à celle que nous présente aujourd'hui l'Eglise, et nous [6] tirions de l'une et de l'autre une importante instruction [7]. Car

après l'avis de l'archevêque, était venue inviter Bourdaloue, le lundi de la Pentecôte, 26 mai 1670), nous avons un procès-verbal du chapitre V. *Histoire critique*, p. 333.

[5] D'après le récit de la *Gazette de France*, tout le corps du chapitre assista aux derniers sacrements administrés à l'archevêque par le Doyen (de Contes ; Eusèbe Renaudot dit par le chanoine du Hamel). V. *Histoire critique*, p. 407, note a.

[6] Ce « nous » qui serait aujourd'hui explétif, a été signalé avec raison dans l'édition Hatzfeld, comme une particularité de langue. Mais il en est tant de ce genre qu'il est impossible de noter tous les traits de syntaxe ancienne. C'est au vocabulaire de Bourdaloue, ou mieux, de son temps et de l'époque de l'édition, qu'il sera plus utile de nous attacher.

[7] La cendre de la cérémonie du jour et celle du tombeau, ces deux «poussières », ou « poudres », dont il est question dans le texte *pulvis es*, rattachent à la pensée de la mort le souvenir du catafalque, (ou comme on disait alors, *de la représentation)* et des tentures de l'église en deuil dont Bourdaloue—vient d'évoquer l'image. C'est le cas de dire avec Sainte-Beuve : « Il (Bourdaloue) excelle d'ordinaire dans le *choix de ses textes* et dans le parti qu'il *en tire* pour la division morale de son sujet : mais maintes fois il est subtil ou il semble l'être dans l'interprétation qu'il donne, dans l'antithèse qu'il fait aux divers mots de ce texte ; on diroit qu'il les oppose à plaisir et qu'il en joue (comme saint Augustin), et ce n'est qu'au développement qu'on s'aperçoit de la solidité du sens en même temps que de la finesse de l'analyse. Ici l'usage qu'il fait du texte est simple, et l'avertissement sort de lui-même. S'emparant de cette poussière du jour des Cendres, il va démontrer que la pensée présente et actuelle de la mort qu'elle tend à donner à chacun est le meilleur remède, l'application la plus efficace... »*(Causeries*, t. IX, p. 269).

telle est notre destinée temporelle. Voilà le terme où
doivent aboutir tous les desseins des hommes et toutes les
grandeurs du monde ; voilà l'unique et la solide pensée
qui doit partout et en tout temps nous occuper : *Memento,
homo, quia pulvis es, et in pulverem reverteris*. Souvenez-vous, qui que vous soyez, riches ou pauvres, grands
ou petits, monarques ou sujets, en un mot, hommes, tous
en général, chacun en particulier, souvenez-vous que vous
n'êtes que poudre et que vous retournerez en poudre [8].
Ce souvenir ne vous plaira pas, cette pensée vous bles-
sera, vous troublera, vous affligera ; mais en vous blessant,
elle vous guérira ; en vous troublant et en vous affligeant,
elle vous sera salutaire ; et peut-être, comme salutaire,
vous deviendra-t-elle enfin, non seulement supportable,
mais consolante et agréable. Quoi qu'il en soit, je veux
vous en faire voir les avantages, et c'est par là que je
commence le cours de mes prédications [9].

Divin Esprit, vous qui d'un charbon de feu purifiâtes
les lèvres du prophète et les fîtes servir d'organe à

[8] Poudre, l'ancien mot *poldre*, dérivé par *puldre* de *pulv (e)
rem*, était sans doute un archaïsme en 1707 quand parut
le *Carême*. Il est heureux qu'on l'ait maintenu. En 1671, il
était bien dans la langue du temps, témoin la phrase de
Bossuet, l'*Oraison funèbre de la reine d'Angleterre*, prononcée
le 16 novembre 1669 : « Et ce cœur, qui n'a jamais vécu que
pour lui (pour Charles Ier) se réveille, tout poudre qu'il est...
au nom d'un époux si cher. » — L'édition Hatsfeld note ici :
Dans la poussière. En (dans la). Est-ce absolument exact,
et l'idée latine de *converti, reverti in*, qui est au fond du
texte, avertissant l'homme qu'il redeviendra poussière,
permet-elle de décomposer *en* pour y voir *dans la ?* L'explication *retourner dans la poussière* semble faible et incomplète.

[9] Cette ouverture de carême, officiellement annoncée, est
exprimée sous d'autres formes dans les doublets tirés de
divers autres recueils. Ainsi au manuscrit P. III (Phelipeaux),
p. 197 : « C'est la première vérité que j'ai aujourd'hui à vous
proposer, chrétiens, pour commencer à m'acquitter des
devoirs du ministère, où, tout indigne que je suis, on m'a
engagé. » Au ms. J. (Recueil Joursanvault, *Sermon sur les
Cendres*) on lit : « C'est ce que j'ai dessein de vous faire voir
aujourd'hui, et c'est la première vérité que je dois vous prêcher à l'entrée de ce saint temps de carême. »

votre adorable parole [10], purifiez ma langue, et faites que je puisse dignement remplir le saint ministère que vous m'avez confié. Eloignez de moi tout ce qui n'est pas de vous [11]. Ne m'inspirez point d'autres pensées que celles qui sont propres à toucher, à persuader, à convertir. Donnez-moi, comme à l'Apôtre des nations [12], non pas une éloquence vaine, qui n'a pour but que de contenter la curiosité des hommes, mais une éloquence chrétienne qui, tirant toute sa vertu de votre Évangile, a la force de remuer les consciences, de sanctifier les âmes, de gagner les pécheurs et de les soumettre à l'empire de votre loi. Préparez les esprits de mes auditeurs à recevoir les saintes lumières qu'il vous plaira de me communiquer, et comme en leur parlant je ne dois point avoir d'autre vue que leur salut, faites qu'ils m'écoutent avec un désir sincère de ce salut éternel que je leur prêche, puisque c'est l'essentielle disposition à toutes les grâces qu'ils doivent attendre de vous. C'est ce que je vous demande, Seigneur,

[10] Allusion au récit de la vision d'Isaïe (VI, 1-8) *Et dixi : Vae mihi, quia tacui, quia vir pollutus labiis ego sum... et Regem Dominum exercituum vidi oculis meis. Et volavit ad me unus de Seraphim, et in manu eius calculus, quem forcipe tulerat de altari. Et tetigit os meum et dixit : Ecce tetigit hoc labia tua et auferetur iniquitas tua...* (VI, 5-7).

[11] Le sens n'est pas seulement : tout ce qui ne vient pas de vous (Cf. H.) mais : tout ce qui n'est pas selon vos vues. Au ms. J., on lit : « Esprit divin, animez mon cœur, purifiez ma langue, afin que je remplisse dignement ce saint emploi : éloignez de moi tout ce qui est de moi. Ne me donnez point d'autres pensées que celles qui sont capables de convertir les âmes... »

[12] Saint Paul reçut ce titre à cause de sa mission spéciale auprès des païens. *Vas electionis est mihi iste ut portet nomen meum coram gentibus*, lit-on aux Actes, IX, 15. — Il n'est pas juste de dire, comme dans la note de l'édition Hatzfeld : « Saint Paul, appelé ainsi parce qu'il voulut qu'on étendît la prédication de l'Évangile aux païens même. » — Aucun désaccord n'était possible sur ce point entre les apôtres, après la mission universelle qui leur avait été donnée. La controverse portait sur la nécessité de faire passer les païens par les pratiques de la loi de Moïse, et ce fut saint Pierre qui trancha en leur faveur, et dans le sens des désirs de saint Paul et de saint Jacques. V. Actes, XV, 1-30.

et pour eux et pour moi, par l'intercession de Marie, à qui j'adresse la prière ordinaire : Ave Maria [13].

C'est un principe dont les sages mêmes du paganisme sont convenus [14], que la grande science ou la grande étude de la vie est la science ou l'étude de la mort [15], et qu'il est impossible à l'homme de vivre dans l'ordre et de se maintenir dans une vertu solide et constante, s'il ne pense souvent qu'il doit mourir. Or, je trouve que toute notre vie, ou pour mieux dire, tout ce qui peut être perfectionné dans notre vie et par la raison et par la foi, se rapporte à trois choses : à nos passions, à nos délibérations et à nos actions. Je m'explique [16]. Nous avons dans le

[13] Cette invocation précédant l'*Ave Maria* se rencontre et dans le ms. Phelipeaux (où elle suit le début qui est sur la Cérémonie des Cendres, mais précède le développement sur la Pensée de la mort), et dans le manuscrit J. *(Sermon sur la Cérémonie des Cendres.)* Le commencement du ms J. est cité plus haut, note 11. Voici le reste : « ...de convertir les âmes. Donnez-moi des paroles, non pas selon la prudence du siècle et pour contenter l'esprit humain, mais selon la prudence du ciel et pour guérir les consciences de la maladie du péché. Portez pour cela mes auditeurs à recevoir avec fruit les lumières qu'il vous plaira de m'inspirer. Et parce que je ne dois pas avoir d'autre dessein que celui de leur salut, faites qu'ils ressentent le fruit qu'ils espèrent de mon ministère. C'est la grâce que je vous demande par l'entremise de votre épouse à qui je dis avec un ange : AVE. » — A comparer ce début avec la forme plus courte du ms. P., on voit que les redites de Bourdaloue, même reprenant des passages déjà prêchés, n'étaient point des répétitions textuelles.
[14] Sur lequel ils sont d'accord (H). — Le sens n'est-il pas surtout *qu'ils ont admis et reconnu ?* C'est moins, semble-t-il, l'accord des philosophes païens entre eux que l'aveu fait par certains, que vise surtout cette phrase. La preuve en serait dans cet équivalent de la copie Phelipeaux : « C'est un principe que les sages même du paganisme ont compris... »
[15] L'édition Hatzfeld renvoie ici au *Phédon*, première partie. Admettons qu'on trouve là un des témoignages « des sages du paganisme. » Je croirai cependant que Bourdaloue, bien qu'il cite parfois Platon, a surtout en vue Sénèque et sa philosophie. Il le citera d'ailleurs bientôt explicitement.
[16] Dans les *Essais de Littérature* de l'abbé Trublet, parmi les pensées intitulées *du Style*, on rencontre cette curieuse

cours de la vie des passions à ménager [17], nous avons des conseils à prendre [18], et nous avons des devoirs à accomplir [19]. En cela, pour me servir du terme de l'Ecri-

et bien minutieuse remarque : « Quand on expose à un homme d'esprit et de goût deux manières de dire une même chose, l'une plus courte et plus concise, mais irrégulière et peu usitée ; l'autre plus longue et plus étendue, mais ordinaire, et qu'on lui dit que la plus courte est la meilleure, il a quelquefois de la peine à en convenir.. Ce n'est pas que le plus long ou le plus court lui soient indifférents en eux-mêmes, c'est que le court le choque comme inusité. En effet, s'il y a deux manières, toutes deux usitées, de dire la même chose, l'une plus longue, l'autre plus courte, il préférera celle-ci sans balancer. Il dira avec le *P. Bourdaloue, Je m'explique*, plutôt que *Je vais expliquer ma pensée*. Il arrive même presque toujours que le court abolit l'usage du long...» *Essais sur divers sujets de Littérature et de Morale*, par M. l'abbé Trublet. Paris, Briasson. M. DCC. LIV., in-12, t. III, p. 385. — Trublet appuyait une théorie juste sur des exemples un peu minuscules, et il est bizarre de voir Bourdaloue cité en exemple par un puriste, éplucheur de syllabes.

[17] *Ménager* a ici son sens primitif de *gouverner, régler* la dépense et le train d'une maison ; d'après son étymologie même, *mesnage*, pour *maisnage*, racine *mansionaticum*, dépense d'une maison.

[18] Le manuscrit P. donne : « Nous avons des délibérations à prendre. » En effet, conseils ou délibérations a bien ici le sens de résolutions à prendre.

[19] Cette division, familière à Bourdaloue, se retrouve, non seulement à là fin du sermon *sur la Préparation à la mort*, d'après le manuscrit d'Abbeville, mais aussi dans la copie du recueil Joursanvault, où on lit : « Voulez-vous que je vous donne un moyen infaillible ? C'est que la science de la mort est capable de régler ce qu'il peut y avoir de défectueux en vous et par conséquent de vous détacher de cette imperfection et de ces attachements mondains. Pour cet effet, remarquez, je vous prie, que la vie chrétienne consiste en trois choses : dans la conduite des affections, pour savoir ce qui est bon et ce qui ne l'est pas, ce qui est permis et ce qui est défendu ; dans la conduite de vos desseins, pour savoir ce qu'il faut entreprendre ; et enfin dans la conduite de vos affaires, pour les faire dans un temps propre et non pas en un autre, c'est-à-dire pour corriger leur défaut et leur donner la forme et le caractère qui les rend dignes de Dieu. Or je dis que si vous avez cette science de la mort, si vous conformez toutes ces choses sur la règle de la mort, vous pouvez dire que vous avez le grand secret de les perfectionner.

ture, consiste tout l'homme, tout l'homme, dis-je, raisonnable et chrétien : *Hoc est enim omnis homo* [20]. Des passions à ménager, en réprimant leurs saillies et en modérant leurs violences [21] ; des conseils à prendre, en se préservant et des erreurs qui les accompagnent, et des repentirs qui les suivent [22] ; des devoirs à accomplir, et dont la pratique doit être prompte et fervente.

Or pour tout cela, chrétiens, je prétends que la pensée de la mort nous suffit, et j'avance trois propositions que je vous prie de bien comprendre, parce qu'elles vont faire le partage de ce discours. Je dis que la pensée de la mort est le remède le plus souverain pour amortir le feu de nos passions; c'est la première partie. Je dis que la pensée de la mort est la règle la plus infaillible pour conclure sûrement dans nos délibérations [23]; c'est la seconde. Enfin, je dis que la pensée de la mort est le moyen le plus efficace pour nous inspirer une sainte ferveur dans nos actions; c'est la dernière. Trois vérités dont je veux vous convaincre, en vous faisant sentir toute la force de ces paroles de mon texte : *Memento, homo, quia pulvis es, et in pulverem reverteris.*

Ah ! chrétiens, la belle méthode, si vous voulez éviter les actions criminelles, charnelles, corrompues, scandaleuses et inutiles, ah ! ne cherchez pas d'autre méthode que celle-ci ; ne vous attachez à aucune autre pensée qu'à celle de la mort. »

[20] *Eccl.*, XII, 13. Le texte complet est : *Deum time et mandata eius observa : hoc est enim omnis homo.* L'édition Lebel renvoie ici à tort à l'*Ecclésiastique*, c. 22.

[21] Le manuscrit P., par ses variantes, éclaire et commente souvent, même remplacerait avantageusement, le texte reçu, par exemple ici : « Nous avons des passions à ménager en modérant leurs emportements et arrêtant leur fougue. »

[22] Plus étudié ici, le texte de l'édition a sur le manuscrit l'avantage d'indiquer les subdivisions qui seront ensuite développés sous ce second chef, mais le manuscrit a plus de couleur : « Nous avons des délibérations à prendre, en évitant les erreurs et les faux brillants qui nous peuvent séduire. »

[23] Prendre une décision (H). Le manuscrit P. donne : « puisque c'est la règle la plus sûre pour prendre des résolutions et le moyen le plus infaillible pour fixer nos délibérations et nos conseils. »

Vos passions vous emportent, et souvent il vous
semble que vous n'êtes pas maîtres de votre ambition
et de votre cupidité : *Memento*, souvenez-vous, et pensez
ce que c'est que l'ambition et la cupidité d'un homme qui
doit mourir. Vous délibérez sur une matière importante,
et vous ne savez à quoi vous résoudre : *Memento*, souvenez-vous, et pensez quelle résolution il convient de prendre
à un homme qui doit mourir. Les exercices de la religion
vous fatiguent et vous lassent [24], et vous vous acquittez
négligemment de vos devoirs : *Memento*, souvenez-vous,
et pensez comment il importe de les observer à un homme
qui doit mourir [25]. Tel est l'usage que nous devons faire
de la pensée de la mort, et c'est aussi tout le sujet de votre
attention [26].

[24] « La fatigue est le malaise causé par une trop grande
dépense de forces. La lassitude est l'état de celui qui ne peut
pas supporter plus longtemps l'effort (H). » Ces distinctions,
pour être conformes à l'avis des dictionnaires de synonymes,
n'en appuient pas moins outre mesure sur la pensée. Que ces
deux verbes soient de Bourdaloue, ou de Bretonneau limant ce
passage, il n'est pas sûr qu'y ait voulu ou marquer cette différence. En tous cas, le texte manuscrit de la copie Phelipeaux
n'en offre point trace. Les nuances que les lexicographes
(Guizot, par exemple, 5ᵉ édit. p. 431) ont indiquées, aussi bien
que celles de la note de l'édition Hatzfeld, ne concordent pas
assez avec la pensée du texte définitif : « Ses exercices de la
religion vous fatiguent et vous lassent. « Guizot dit : « La
continuation d'une même chose lasse, la peine fatigue...
Être las, c'est ne pouvoir plus agir. Être fatigué, c'est avoir
trop agi... La fatigue est toujours la suite de l'action ; elle
suppose un travail rude... On se lasse d'attendre, on se
fatigue à poursuivre...» — Ces différences sont-elles bien
applicables ici ?
[25] Cette finale de la proposition est à comparer avec celle
de la copie ancienne. Si le texte imprimé a gagné en concision,
il a perdu quelque chose de la forme plus concrète, et parfois
plus imagée de ce qu'on pourrait nommer l'original. On
cherche vainement dans le texte de Bretonneau la figure
hardie de « tous ces emportements » des passions qui se
« doivent un jour briser contre la cendre du sépulcre. » Ce
n'est pas un gain que cette suppression et bien d'autres
encore. Voy. cependant plus bas, note 82.
[26] La traduction que donne ici l'édition Hatzfeld : *C'est là que*

PREMIÈRE PARTIE

Pour amortir le feu de nos passions, il faut commencer par les bien connoître ; et pour les connoitre parfaitement, dit saint Chrysostome, il suffit de bien comprendre trois choses : savoir, que nos passions sont vaines, que nos passions sont insatiables, et que nos passions sont injustes ; qu'elles sont vaines, par rapport aux objets à quoi elles s'attachent ; qu'elles sont insatiables et sans bornes, et par là incapables d'être jamais satisfaites et de nous satisfaire nous-mêmes ; enfin, qu'elles sont injustes, dans les sentimens présomptueux qu'elles nous inspirent, lorsqu'aveuglés et enflés d'orgueil, nous prétendons nous distinguer, en nous élevant au-dessus des autres. Voilà en quoi saint Chrysostome a fait particulièrement consister le désordre des passions humaines. Il nous falloit donc, pour en réprimer les saillies et les mouvements déréglés, quelque chose qui nous en découvrît sensiblement la vanité ; qui, les soumettant à la loi d'une nécessité souveraine, les bornât dans nous malgré nous [27], et qui, faisant cesser toute distinction, les réduisît au grand principe de la modestie [28], c'est-à-dire à l'égalité que Dieu a mise entre tous les hommes, et nous obligeât, qui que nous soyons, à

vous devez porter votre attention, paraìt bien être un contresens. N'avons-nous pas ici simplement l'ancienne formule : « c'est là le sujet de ce discours », et, comme ajoutent certains sermonnaires, de vos attentions. « Voulez-vous de plus grandes *utilités que celles-là, lit-on au ms. P.* ? Elles vont faire le partage de ce discours. »

[27] Cette phrase sur « la nécessité souveraine, bornant en nous malgré nous les passions », ne manque pas de noblesse. Mais elle n'a rien de la saveur du texte de Phelipeaux : « Il faudroit trouver quelque chose qui pût leur ôter leur vanité en les rendant saines et de bon goût à l'égard des objets qu'elles poursuivent, qui pût leur ôter leur insatiabilité, en les rendant plus modérées dans leurs désirs, qui pût enfin leur ôter leur injustice, en ne leur faisant prendre que des moyens justes et légitimes pour se satisfaire... »

[28] Au sens latin de *modération, mesure* gardée, *modus.*

nous rendre au moins justice, et à rendre aux autres sans peine les devoirs de la charité [29]. Or, ce sont, mes chers auditeurs, les merveilleux effets, que produit infailliblement, dans les âmes touchées de Dieu, le souvenir et la pensée de la mort. Ecoutez-moi, et ne perdez rien d'une instruction si édifiante [30].

Nos passions sont vaines, et pour nous en convaincre, il ne s'agit que de nous former une juste idée de la vanité des objets auxquels elles s'attachent ; cela seul doit .éteindre dans nos cœurs ce feu de la concupiscence qu'elles y allument, et c'est l'importante leçon que nous fait le Saint Esprit dans le livre de la Sagesse [31]. Car avouons-

[29] Le texte imprimé développe, en y introduisant l'idée d'égalité native entre tous les hommes, ce que le manuscrit cité plus haut (note 27) semble réduire à la proscription des moyens injustes d'assouvir ses passions.

[30] Ces formules, qui ne sont pas nécessairement de la pure invention de Bretonneau, puisqu'on les rencontre parfois dans les copies de sermons recueillis au vol, ne sont pas pour alléger le discours. Toutefois Sainte-Beuve qui les signale, en donne une explication favorable à l'orateur : « Là comme toujours, dit-il, il enseigne ouvertement et sans détour. Car le propre de Bourdaloue (tant il est sûr de sa modestie et tant il s'oublie lui-même) est de se confondre totalement avec son ministère de prédicateur et d'apôtre ; il ne laisse rien aux délicatesses du siècle : « Ecoutez-moi. — Suivez-moi. — Appliquez-vous. — Comprenez ceci. — Ecoutez-en la preuve. — Appliquez-vous toujours. — Ce sont les formes ordinaires de ce démonstrateur chrétien... » (Sainte-Beuve, *Causeries*, *l. c.* p. 270.) Notons tout au moins que dans la copie ancienne, elles ne sont aussi fortement accusées et le raisonnement n'en vaut pas moins. Cf. note 116.

[31] Au livre de la Sagesse, chapitre XIII, v. 1, se trouve l'avertissement contre l'idolâtrie : *Vani autem sunt omnes homines in quibus non subest scientia Dei, et de his qui videntur bona, non potuerunt intelligere eum qui est....* Mais ce serait plutôt au chapitre cinquième que fait allusion ici le prédicateur, car on y voit accumulées dans le discours où les impies exhalent leurs regrets les comparaisons sur la rapidité éphémère des biens d'ici bas : *Transierunt omnia tanquam umbra, et tanquam nuntius percurrens, et tanqua navis..... aut tanquam avis... aut tanquam sagitta... (9-12)... Quoniam spes impii tanquam lanugo est, quae a vento tollitur ; et tanquam spuma gracilis quae a procella dispergitur... (15).* En tous cas, ni

le, chrétiens, quoique à notre honte : tandis que [32] les
biens de la terre nous paroissent grands, et que nous les
supposons grands, il nous est comme impossible de ne les
pas aimer et, en les aimant, de n'en pas faire le sujet de
nos plus ardentes passions [33]. Quelque raison qui s'y
oppose, quelque loi qui nous le défende, quelque vue [34]
de conscience et de religion qui nous en détourne, la
cupidité l'emporte, et préoccupés de l'apparence spécieuse
du bien qui nous flatte et qui nous séduit, nous fermons
les yeux à toute autre considération, pour suivre unique-

l'édition (Bourdaloue ou Bretonneau) ni la copie qui ne contient point cette phrase, ne peuvent nous renseigner sur
l'endroit précis auquel songeait l'orateur.

[32] *Tandis que*, au sens de : *aussi longtemps que*, est fréquent
dans la langue de Bourdaloue, ou pour mieux dire, celle de
son temps. Cf, note 115.

[33] Ce même passage se retrouve dans le manuscrit Joursanvault, au sermon sur *la préparation à la mort*, immédiatement
après les phrases déjà citées à la note 19 : « Tandis que vous
ne mesurerez pas les grandeurs du monde sur elle, elles vous
paroîtront grandes, mais approchez-les de la mort, elles vous
paroîtront incontinent ce qu'elles sont. Juges (ms. justes) de
la terre, mesurez toutes vos actions sur tout autre chose que
sur la mort, elles vous paroîtront justes, mais si vous les
mesurez sur les grandes règles de la mort, elles vous sem-
bleront injustes et indignes même de vous. Tout le reste nous
trompe ; il n'y a que le tombeau et la cendre qui ne nous
déguisent point, qui disent la vérité et qui ne nous flattent
jamais. Que si la mort sert à régler nos affections, elle ne
nous sert pas moins à régler nos desseins qui doivent toujours être conduits par cette règle. » — On le rencontre encore,
comme il est naturel, au quatrième point de la rédaction
d'Abbeville : « Tandis donc que vous ne mesurez les grandeurs du monde sur cette grande règle qui est la mort, elles
vous paroissent grandes, mais approchez-les de la mort et
elle vous paroîtront incontinent ce qu'elles sont. Juges de la
terre, mesurez toutes vos actions sur toute autre chose que
sur la mort, elles vous paroîtront justes, mais si vous les
mesurez sur la grande règle de la mort, elles vous paroîtront
injustes et indignes même de vous. Tout le reste nous
trompe, messieurs, et il n'y a que le tombeau et la cendre qui
ne déguise point... »

[24] Vue de conscience ou de religion équivaut à ce qu'on
nommerait aujourd'hui motif, raison ou considération de
religion ou de conscience.

ment l'attrait et le charme de notre illusion. Si nous résistons quelquefois, et si, pour obéir à Dieu, nous remportons sur nous quelque victoire, cette victoire, par la violence qu'elle nous coûte, est une victoire forcée. La passion subsiste toujours, et l'erreur où nous sommes que ces biens, dont le monde est idolâtre, sont des biens solides, capables de nous rendre heureux, nous fait concevoir des désirs extrêmes de les acquérir, une joie immodérée de les posséder, des craintes mortelles de les perdre. Nous nous affligeons d'en avoir peu; nous nous applaudissons d'en avoir beaucoup; nous nous alarmons, nous nous troublons, nous nous désespérons, à mesure que ces biens nous échappent et que nous nous en voyons privés [35]. Pourquoi? parce que notre imagination trompée et pervertie nous les représente comme des biens réels et essentiels, dont dépend le parfait bonheur.

Pour nous en détacher, dit saint Chrysostome, le moyen sûr et immanquable est de nous en détromper. Car du moment que nous en comprenons la vanité, ce détachement nous devient facile; il nous devient même comme naturel :

[35] Tout le passage serait à rapprocher de la leçon manuscrite, digne d'entrer en parallèle avec le résultat du travail de l'éditeur de 1707. L' « apparence spécieuse » a son équivalent dans la copie : « Tandis que nous sommes occupés de la fausse apparence et du faux brillant de ces biens, nous suivons le faux attrait qui est en eux, et nous nous y laissons entraîner ; et si quelquefois nous suivons la voix de Dieu qui nous en détourne pour nous faire revenir vers lui, la passion nous en retire tout aussitôt et nous fait recourir plus que jamais après les faux appas de ces biens. Nous nous affligeons d'en avoir peu; nous nous transportons d'en avoir beaucoup; nous nous impatientons dans leur attente; nous murmurons dans leur perte; nous gémissons dans leur éloignement. Ainsi, suivant toujours la vanité de ces fausses passions, nous nous attachons à suivre une ombre et une fumée, un fantôme et une chimère, un néant. Voilà l'effet de la vanité de nos fausses passions. » — Nombre de mots sont à recueillir dans le texte manuscrit ; ainsi : *recourir*, pour *courir à nouveau, nous nous transportons*, pour *nous entrons dans des transports de joie*, ce que l'édition exprime par : nous nous applaudissons.

ni l'ambition, ni l'avarice, si j'ose m'exprimer ainsi, n'ont plus sur nous aucune prise. Bien loin que nous nous empressions pour nous procurer par des voies indirectes et illicites les avantages du monde, convaincus de leur peu de solidité, à peine pouvons-nous même gagner sur nous d'avoir une attention raisonnable à conserver les biens dont nous nous trouvons légitimement pourvus ; et cela fondé sur ce que les biens du monde, supposé cette conviction, ne nous paroissent presque plus valoir nos soins, beaucoup moins nos empressements et nos inquiétudes. Or d'où nous vient cette conviction salutaire ? Du souvenir de la mort, saintement méditée et envisagée dans les principes de la foi.

Car la mort, ajoute saint Chrysostome [36], est à notre égard la preuve palpable et sensible du néant de toutes les choses humaines, pour lesquelles nous nous passionnons. C'est elle qui nous le fait connoître : tout le reste nous impose [37] ; la mort seule est le miroir fidèle [38], qui nous montre sans déguisement l'instabilité, la fragilité, la caducité des biens de cette vie ; qui nous désabuse de toutes nos erreurs, qui détruit en nous tous les enchantements de l'amour du monde, et qui des ténèbres mêmes du tombeau nous fait une source de lumières, dont nos esprits et nos sens sont également pénétrés. *In illa die*, dit l'Ecriture, en parlant des enfants du siècle livrés à leurs passions, *in illa die, peribunt omnes cogitationes*

[36] La copie porte ici : « Car la mort, dit saint Jérôme, est l'argument sensible et palpable... » Si le changement de noms n'est le résultat d'une erreur de lecture à laquelle a pu donner lieu l'abréviation ordinaire S. Xtome, il la faudrait peut-être attribuer à un lapsus du prédicateur. Cf. la note 91.

[37] On voit que l'on disait fort bien alors : *imposer*, au sens de tromper, restreint aujourd'hui à l'expression *en imposer*.

[38] La métaphore du « miroir fidèle qui montre sans déguisement... qui détruit les enchantements, etc. », est assez heureusement suppléée dans le manuscrit Phelipeaux par cette phrase : « La mort seule nous dessille les yeux et lève le charme malheureux dont l'amour-propre les avoit couverts... »

eorum [39]. Toutes leurs pensées, à ce jour-là, s'évanoui-
ront. Ce jour de la mort, que nous nous figurons plein
d'obscurité, les éclairera et dissipera tous les nuages dont
la vérité jusqu'alors avoit été pour eux enveloppée. Ils
cesseront de croire ce qu'ils avoient toujours cru, et ils
commenceront à voir ce qu'ils n'avoient jamais vu. Ce
qui faisoit le sujet de leur estime deviendra le sujet de
leur mépris ; ce qui leur donnoit tant d'admiration les
remplira de confusion. En sorte qu'il se fera dans leur
esprit comme une révolution générale, dont ils seront eux-
mêmes surpris, saisis, effrayés. Ces idées chimériques
qu'ils avoient du monde et de sa prétendue félicité s'effa-
ceront tout à coup, et même s'anéantiront : *Peribunt
omnes cogitationes eorum* [40]. Et comme leurs passions
n'auront point eu d'autre fondement que leurs pensées,
et que leurs pensées périront, selon l'expression du prophète, leurs passions périront de même ; c'est-à-dire qu'ils
n'auront plus ni ces entêtements de se pousser [41], ni
ces désirs de s'enrichir, parce qu'ils verront dans un
plein jour, *in illa die*, la bagatelle, et, si j'ose ainsi parler,
l'extravagance de tout cela [42]. Or, que faisons-nous

[39] *Ps.* CXLV, 4.

[40] Tout ce paragraphe est bien plus largement développé
que dans la copie : « *In illa die peribunt*, etc., dit l'Écriture,
parlant de ces gens enivrés de leurs fausses opinions, et dont
l'esprit, ayant été faussement préoccupé pendant toute leur
vie de la grandeur de ces biens, en verront à l'article de la
mort, le néant et la fausseté. Car ce sera pour lors que les
idées de grandeur et de plaisir... périront dans leur esprit,
par l'expérience sensible qu'ils auront de leur vanité. » — Les
mots *enivrés de leurs fausses opinions, faussement préoccupés,
expérience sensible,* ne se retrouvent plus dans l'édition, bien
que d'autres traits, non moins heureux, les remplacent.

[41] Cette expression se rencontre dans un passage du
sermon sur la *Fausse Conscience*, intéressant à comparer
avec ce sermon. (V. plus bas, note 46) : « C'est là (à la cour)
où la vue de se maintenir, où l'impatience de s'élever, où
l'*entêtement de se pousser...* forment des consciences...
monstrueuses. »

[42] Ici encore, les deux versions se complètent, et le texte
définitif est à mettre en regard de la copie. Celle-ci modifie

quand nous nous occupons durant la vie du souvenir de la
mort ? Nous anticipons ce dernier jour, ce dernier
moment, et, sans attendre que la catastrophe et le dénoue-
ment des intrigues du monde nous développe malgré nous
ce mystère de vanité, nous nous le développons à nous-
mêmes par de saintes réflexions. Car, quand je me propose
devant Dieu le tableau de la mort, j'y contemple dès
maintenant toutes les choses du monde dans le même
point de vue où la mort me les fera considérer ; j'en porte
le même jugement que j'en porterai ; je les reconnois
méprisables, comme je les reconnoîtrai ; je me reproche
de m'y être attaché, comme je me le reprocherai ; je
déplore en cela mon aveuglement, comme je le déplorerai ;
et de là [43] ma passion se refroidit, la concupiscence n'est
plus si vive, je n'ai plus que de l'indifférence pour ces
biens passagers et périssables [44] ; en un mot, je meurs

quelque peu la pensée : ce sont les passions qui sont présen-
tées comme les fondements des pensées et les font évanouir
avec elles : Le texte de l'édition Bretonneau, par les expressions : *entêtements de se pousser, l'extravagance de tout cela,*
etc., est bien dans la langue de Bourdaloue, moins cependant
peut-être que la finale du manuscrit : « Et ainsi ils n'auront
plus les élévations de l'ambition, ni les saillies de l'amour, ni
les soulèvements de l'orgueil, ni les emportements de la
colère, ni les débordements de joie, ni les inquiétudes de
l'envie, ni les chagrins de la tristesse...» — Il est permis de
préférer à la concision étudiée du texte publié officiellement
l'exubérance de la copie, et on ne supposera pas aisément
que le scribe ait mis ici du sien.

[43] Les copies renferment très fréquemment l'expression
dès là, dans les divers sermons de Bourdaloue. Est-ce ici une
transcription ou transposition littéraire de cette locution ?
C'est peu probable, puisqu'on rencontre les deux expressions
dans l'édition. (V. note 87). (Sur le sorite, V. note 116).

[44] Tout le développement qui commence aux mots : *Nous
anticipons ce dernier jour...* est réduit dans la copie à sa
plus simple expression. On y lit seulement : « Mais ce qui se
fera dans ce jour, je le puis avancer par la pensée de la mort,
car quand je me propose devant les yeux ce tableau de la
mort, quand j'imprime dans mon idée une vive et sensible
image de l'état où je me trouverai pour lors et de la situation
où mon cœur et mon esprit se trouveront en ce moment, je

à tout d'esprit et de cœur, parce que je prévois que bientôt j'y dois mourir réellement et par nécessité [45].

Et voilà, mes chers auditeurs, le secret admirable, que David avoit trouvé, pour tenir ses passions en bride, et pour conserver, jusques dans le centre du monde, qui est la cour [46], ce parfait détachement du monde où il étoit

porte par avance le même jugement des choses du monde que je porterois si je me trouvois en cet état. »

[45] Et non : *je* dois, comme imprime l'édition Hatzfeld. — *D'esprit*, est opposé à *réellement*, comme *de cœur*, à savoir *volontairement et par le désir*, est opposé à *par nécessité*. L'explication proposée dans l'édition Hatzfeld contient donc une erreur, car sa note donne : « C'est-à-dire : je meurs à tout en idée et je ferme mon cœur aux biens extérieurs. » Esprit et cœur ne sont nullement employés ici au sens où le suppose cette explication.

[46] Il y aurait un recueil à faire des descriptions données par les maîtres de la chaire, Bossuet, Bourdaloue et Massillon, de ce foyer des intrigues que le prédicateur appelle ici le centre du monde, et que le texte du manuscrit Phelipeaux exprime ainsi : « (la leçon) que le Prophète-Roi pratiquoit pour se conserver des attaques de la vanité sur le trône que l'on peut dire justement être le grand théâtre des passions humaines, et le lieu où elles règnent avec plus de souveraineté... » — Bossuet dit, dans son *Panégyrique de saint Sulpice* (1664) (Lebarq, t. IV, p. 214) : « Et de ce monde, messieurs, la partie la plus éclatante, et par conséquent la plus dangereuse, chacun sait assez que c'est la cour. Comme elle est et le principe et le centre de toutes les affaires du monde, l'ennemi du genre humain y jette tous ses appâts, y étale toute sa pompe. Là se trouvent les passions les plus fines, les intérêts les plus délicats, les espérances les plus engageantes; quiconque a bu de cette eau, il s'entête; il est tout changé par une espèce d'enchantement, c'est un breuvage charmé qui enivre les plus sobres... » — Cf. le sermon *sur l'efficacité de la pénitence* (*jeudi de la première semaine* du carême de 1662. V. aussi le panégyrique de saint François de Paule (1655), dans lequel la cour est comparée au détroit de Sicile « fameux par tant de naufrages ». Bossuet y donne la définition déjà citée et ajoute: « là est l'empire de l'intérêt, là est le théâtre des passions : là elles sont plus violentes, là elles sont plus déguisées » (Lebarq, t. II, p. 32; cf. second panégyr., t. III, p. 457.) — Au sermon *sur les vaines excuses des pécheurs*, (Dim. de la Passion 1660), il faut lire une fine étude psychologique des exigences de la vie de cour : « Qu'est-ce que la vie de la cour ? faire céder toutes ses passions au désir d'avancer sa fortune : qu'est-ce que la vie de la cour ? dissimuler tout ce qui déplait, et

parvenu ? Que faisoit ce saint roi ? Il se contentoit de demander à Dieu, comme une souveraine grâce, qu'il lui fît connoître sa fin : *Notum fac mihi, Domine, finem meum* [47] ; et qu'il lui fît même sentir combien il en étoit proche, afin qu'il sût, mais d'une science efficace et pratique, le peu de temps qui lui restoit encore à vivre [48]; *et*

souffrir tout ce qui offense pour agréer à qui nous voulons. Qu'est-ce encore que la vie de la cour ? étudier sans cesse la volonté d'autrui, et renoncer pour cela, s'il est nécessaire, à nos plus chères pensées : qui ne sait pas cela, ne sait pas la cour. » (Lebarq, t. III, 317). — Enfin, sans épuiser tout ce que Bossuet a dit sur ce sujet, citons ces phrases de l'oraison funèbre de la princesse Palatine : « La cour veut toujours unir les plaisirs avec les affaires. Par un mélange étonnant, il n'y a rien de plus sérieux, ni ensemble de plus enjoué. Enfoncez, vous trouvez partout des intérêts cachés, des jalousies délicates qui causent une extrême sensibilité, et dans une ardente ambition, des soins et un sérieux aussi triste qu'il est vain.» (Lebarq, t. VI, p. 262).

Pour expliquer Bourdaloue par lui-même, il faut renvoyer au sermon *sur l'Ambition* (mercredi de la seconde semaine du Carême), dont le début montre ce vice, comme le vice dominant de la cour : « C'est particulièrement dans le palais des Rois que se trouvent les ambitieux; *Ecce in domibus regum sunt...* c'est là qu'ils forment de plus grands projets, là qu'ils font jouer plus de ressorts... » etc. (Ed. princeps, t. I, p. 489). — Dans le sermon *sur la fausse Conscience*, montrant que le monde, et surtout les grands, fréquentant la cour, sont plus exposés à se fausser la conscience, il fait ce tableau : « Car c'est à la cour que les passions dominent, où les désirs sont plus ardents, où les intérêts sont plus vifs... c'est à la cour, où cette divinité du monde, je veux dire la fortune, exerce sur les esprits des hommes, et ensuite sur leurs consciences, un empire plus absolu. C'est là où la vue de se maintenir, où l'impatience de s'élever, où l'entêtement de se pousser, où la crainte de déplaire, où l'envie de se rendre agréable, forment des consciences qui passeroient partout ailleurs pour monstrueuses... » (T. I, p. 159, I Avent, sermon pour le 3e dim. fin du I point). Voir aussi le sermon *sur les Tentations*. Dimanche de la première semaine du carême (vers le troisième tiers du premier point, t. II, p. 212.) « Oui, chrétiens, je l'avoue, la cour est un séjour de tentations... »

[47] *Ps.* XXXVIII, 5.

[48] C'est le texte de l'édition princeps. Celle de M. Hatzfeld a donc eu tort d'imprimer : « le peu de temps qu'*il* lui restoit... »

numerum dierum meorum quis est, ut sciam quid desit mihi [49]. Il ne doutoit pas que cette seule pensée : il faut mourir, ne dût suffire pour éteindre le feu de ses passions les plus ardentes. Et en effet, ajoutoit-il, vous avez, Seigneur, réduit mes jours à une mesure bien courte : *Ecce mensurabiles posuisti dies meos* [50]; et, par là, tout ce que je suis, et tout ce que je puis désirer ou espérer d'être, n'est qu'un pur néant devant vous : *Et substantia mea tanquam nihilum ante te* [51]. Devant moi, ce néant est quelque chose, et même toutes choses ; mais devant vous, ce que j'appelle toutes choses se confond et se perd dans ce néant ; et la mort, que tout homme vivant doit regarder comme sa destinée inévitable, fait, généralement et sans exception, de tous les biens qu'il possède, de tous les plaisirs dont il jouit, de tous les titres dont il se glorifie, comme un abîme de vanité : *Verumtamen universa vanitas omnis homo vivens* [52]. L'homme mondain n'en convient pas, et il affecte même de l'ignorer ; mais il est pourtant vrai que la vie n'est qu'une ombre, et une figure qui passe, *Verumtamen in imagine pertransit homo* [53]. Il se trouble, et, comme mondain, il est dans une continuelle agitation : mais il se trouble inutilement, parce que c'est pour des entreprises que la mort déconcertera, pour des intrigues que la mort confondra, pour des espérances que la mort renversera : *Sed et frustra conturbatur* [53*]. Il se fatigue, il s'épuise pour amasser et [54] thésauriser ; mais

[49] *Ps.* XXXVIII, 5.
[50] *Ibid.*, 6.
[51] *Ibid.*
[52] *Ibid.* Il faudrait mettre en regard du texte définitif celui des deux manuscrits connus jusqu'ici qui nous offrent ce passage parallèle. Le commentaire de cette partie du verset 6 n'est pas moins heureux dans la copie Tournemeulle que dans l'édition : « Toutes choses s'abîment devant vous, toute cette pompe, cet éclat, cette galanterie, tout cela n'est que vanité..., etc. Cf. *Histoire critique de la Prédication de Bourdaloue*, p. 101.
[53] *Ibid.*, 7.
[54] L'édition Hatzfeld imprime : « pour amasser et *pour* thésauriser »

son malheur est de ne savoir pas même pour qui il amasse ni qui profitera de ses travaux : si ce seront des enfants, ou des étrangers ; si ce seront des héritiers reconnoissants ou des ingrats ; si ce seront des sages ou des dissipateurs : *Thesaurisat, et ignorat cui congregabit ea* [55]. Ces sentiments, dont le Prophète étoit rempli et vivement touché, réprimoient en lui toutes les passions, et d'un roi assis sur le thône en faisoient un exemple de modération [56].

C'est ce que nous éprouvons nous-mêmes tous les jours : car, disons la vérité, chrétiens : si nous ne devions point mourir, ou si nous pouvions nous affranchir de cette dure nécessité, qui nous rend tributaires de la mort [57], quelque vaines que soient nos passions, nous n'en voudrions jamais reconnoître la vanité, jamais nous ne voudrions renoncer aux objets qui les flattent, et qu'elles nous font tant rechercher. On auroit beau nous faire là-dessus de longs discours ; on auroit beau nous redire tout ce qu'en ont dit les philosophes ; on auroit beau y procéder par voie de raisonnement et de démonstration ; nous prendrions tout cela pour des subtilités encore plus vaines que la vanité même dont il s'agiroit de nous persuader [58]. La

[55] *Ibid.*

[56] Aujourd'hui on ne mettroit pas « en » (H.). Sans doute, mais la pensée du prédicateur n'est pas précisément de dire : ces réflexions faisaient ʞu'un roi assis sur le trône était un exemple de modération, mais peut-être, par suite du latinisme qui a conduit à ce pronom explétif : « faisaient de David, *au lieu* d'un roi conforme à sa condition, naturellement capable d'enfler, un homme modéré. » Le *ex* que semble traduire *d'un* roi, indique une sorte de changement, transformant en modèle de retenue, un roi que sa place devait enivrer. Toutefois il faut tenir compte du texte de Phelipeaux : « Ces pensées fréquentes et redoublées faisoient de ce grand prince au milieu de la cour et de toutes les grandeurs du monde, un miracle de modération et un modèle de vertu. »

[57] Cf. Lafontaine (VIII, 1).

Il n'en est point qu'il ne comprenne

Dans ce fatal tribut. (H.).

[58] Cette explication : « dont il s'agirait de nous persuader », n'est-elle pas introduite après coup ? Le texte du manuscrit Phelipeaux est curieux à ce point de vue : « On auroit beau

foi avec tous ses motifs n'y feroit plus rien : dégagés que nous serions de ce souvenir de la mort, qui, comme un maître sévère, nous retient dans l'ordre, nous nous ferions un point de sagesse [59] de vivre au gré de nos désirs ; nous compterions pour réel et pour vrai tout ce que le monde a de faux et de brillant ; et notre raison, prenant parti contre nous-mêmes, commenceroit à s'accorder et à être d'intelligence avec la passion.

Mais quand on nous dit qu'il faut mourir, et quand nous nous le disons à nous-mêmes, ah ! chrétiens, notre amour-propre, tout ingénieux qu'il est, n'a plus de quoi se défendre [60]. Il se trouve désarmé par cette pensée, la raison prend l'empire sur lui [61], et il se soumet sans résistance au joug de la foi. Pourquoi cela ? Parce qu'il ne peut plus désavouer sa propre foiblesse, que la vue de la mort non seulement lui découvre, mais lui fait sentir. Belle diffé-

prêcher que tous les biens du monde en sont tout pleins (de vanité), on en feroit même des démonstrations sensibles et palpables : nous nous imaginerions toujours que tout cela, ce seroit de belles subtilités, plus belles que la vanité même, et que tout cela, ce seroit plutôt pour faire voir son bel esprit que pour en détourner... » — Dans cette phrase grammaticalement incorrecte, il y a un air « vécu » qui donne l'impression d'une pure sténographie.

[59] On dit de même point d'honneur : c'est le point où l'on fait consister l'honneur, la sagesse. (H.) — C'est une manière de parler fréquente dans le Bourdaloue imprimé, et plus encore dans celui des copistes.

[60] Le passage parallèle du manuscrit P. est ici digne d'être relevé : « Mais quand on voit que tout tend à la mort, que tout mène à la mort, que de toutes les choses du monde, il n'y en a pas une qui n'aille à sa destruction, et que les plus belles choses sont les plus sujettes à périr et périssent en effet les premières... » — Le rapprochement s'impose ici entre la dernière phrase et les vers de Malherbe,

> Mais elle était du monde, où les plus belles choses
> Ont le pire destin...

Toutefois il ne faut guère supposer de réminiscence, mais plutôt une simple rencontre.

[61] Cette expression est beaucoup plus forte que prendre de l'empire. Prendre l'empire veut dire : diriger souverainement. (H.)

rence que saint Chrysostome a remarquée entre les autres
pensées chrétiennes et celle de la mort. Car pourquoi,
demande ce saint docteur, la pensée de la mort fait-elle
sur nous une impression plus forte, et nous fait-elle mieux
connoître la vanité des biens créés que toutes les autres
considérations ? Appliquez-vous à ceci. Parce que toutes
les autres considérations ne renferment tout au plus que
des témoignages et des preuves de cette vanité, au lieu
que la mort est l'essence même de cette vanité, ou [62] que
c'est la mort qui fait cette vanité [63]. Il ne faut donc pas
s'étonner que la mort ait une vertu spéciale pour nous
détacher de tout. Et telle étoit l'excellente conclusion que
tiroit saint Paul, pour porter les premiers fidèles à s'affranchir de la servitude de leurs passions, et à vivre dans la
pratique de ce saint et bienheureux dégagement qu'il leur
recommandoit avec tant d'instance. Car le temps est court,
leur disoit-il : *Tempus breve est* [64]. Et que s'ensuit-il
de là ? Que vous devez vous réjouir, comme ne vous
réjouissant pas ; que vous devez posséder, comme ne
possédant pas ; que vous devez user de ce monde, comme
n'en usant pas : *Reliquum est ut qui gaudent tanquam
non gaudentes, et qui emunt tanquam non possidentes,
et qui utuntur hoc mundo tanquam non utantur* [65].
Quelle conséquence ! Elle est admirable, reprend saint
Augustin ; parce qu'en effet se réjouir et devoir mourir,

[62] L'édition Hatzfeld modifie encore ici le texte : omettant
une ligne, elle imprime : « des preuves de cette vanité *et* que
c'est la mort qui fait... »

[63] Malgré la force et le bonheur de cette phrase, celle du
manuscrit P. peut entrer en balance : « Une belle différence
que saint Jean Chrysostome a remarquée entre les autres
pensées chrétiennes et celle de la mort, c'est que toutes les
autres pensées chrétiennes ne sont au plus que les preuves
de la vanité, au lieu que celles de la mort sont l'expérience
même de la vanité. » — Il semble que cette expression soit plus
exacte que celle qui fait dire que la mort est l'essence de la
vanité, car il s'agit de comparer *les pensées chrétiennes* avec
la pensée de la mort.

[64] I Cor., VII, 29.

[65] *Ibid.*, 29-31. *reliquum est ut et qui... gaudent...*

posséder et devoir mourir, être honoré et devoir mourir,
c'est comme être honoré et ne l'être pas, comme posséder
et ne posséder pas, comme se réjouir et ne se réjouir pas.
Car ce terme, mourir, est un terme de privation [66] et de
destruction, qui abolit tout, qui anéantit tout ; qui, par une
propriété tout opposée à celle de Dieu, nous fait paroître
les choses qui sont, comme si elles n'étoient pas, au lieu
que Dieu, selon l'Écriture, appelle celles qui ne sont
pas comme si elles étoient [67].

Non seulement nos passions sont vaines, mais, quoique
vaines, elles sont insatiables et sans bornes. Car quel ambitieux entêté de sa fortune et des honneurs du monde [68],

[66] Ces expressions empruntées au vocabulaire de la logique,
étaient en usage chez tous les prédicateurs. Elles n'en étaient
peut-être pas plus claires pour le commun de l'auditoire. Les
« termes de privation et leur propriété », mis en cause dans
cette phrase, ne devaient certainement pas être saisis par
tous. Il est difficile d'échapper à cette langue, mais on peut
dire que plus l'orateur l'évite, plus son langage porte loin.

[67] C'est une allusion au texte de saint Paul, *Rom.*, IV, 17 :
Et vocat ea quae non sunt, tanquam ea quae sunt. Dieu
appelle les êtres encore dans le néant, comme s'ils étaient
déjà. Il y a bien quelque subtilité dans cette opposition entre
Dieu et la mort, le mot *mourir* faisant en quelque sorte
rentrer dans le néant les êtres mêmes qui existent, Dieu
donnant l'existence à ceux qui sont encore dans le néant.

[68] Opiniâtrement attaché à (H). L'expression est forte ;
le manuscrit nous offre cependant un archaïsme plus curieux
encore : « Car quel ambitieux *aboyant* après les grandeurs
est jamais content des honneurs où il est élevé ? » — J'avais
été embarrassé par la lecture de ce mot mal écrit dans le
recueil Phelipeaux. Le second *b*, déformé, qui devait exister
dans le mot (car on écrivait *abboyer*, très logiquement d'ailleurs, de *adbaubari*) remplace l'*o*, qui est resté dans la plume
du scribe, et au lieu de *abboyant* ou lit *abbyant* mais il ne
peut y avoir de doute sur la lecture. M. Henri Chérot m'écrit,
et je me range à son avis : « l'emploi de ce mot au figuré n'a
rien d'insolite. Le Dictionnaire de Furetière, 2ᵉ édition, 1701,
donne encore les deux sens : le propre, *latrare*, abboyer
(car Furetière ne donne que la forme *abb*, pour le verbe ; seul
le substantif : abois ou abbois a les deux formes), et le sens
figuré : « Abboyer se dit figurément des hommes lorsqu'ils
s'attendent à quelque chose, qu'ils la désirent et la poursuivent avec avidité. Cet avare, cet ambitieux abboye après

s'est jamais contenté de ce qu'il étoit? Quel avare,
dans la poursuite et dans la recherche des biens de la terre,
a jamais dit: c'est assez? Quel voluptueux, esclave de ses
sens, a jamais mis de fin à ses plaisirs? La nature, dit
ingénieusement Salvien [69], s'arrête au nécessaire, la
raison veut l'utile et l'honnête, l'amour-propre, l'agréable
et le délicieux; mais la passion, le superflu et l'excessif.
Or, ce superflu est infini; mais cet infini, tout infini qu'il
est, trouve, si nous voulons, ses limites et ses bornes dans
le souvenir de la mort, comme il les trouvera malgré nous
dans la mort même. Car je n'ai qu'à me servir aujourd'hui
des paroles de l'Église : *Memento, homo, quia pulvis es;*

cette succession, après cette charge. Un chicaneur abboye
toujours après le bien d'autrui. » On voit que les copistes
contribueront au *Lexique de Bourdaloue*. Le *Dictionnaire de
l'Académie*, dans 'sa première édition, donne aussi, et sous
l'unique forme *abboyer*, ce même sens figuratif : « On dit aussi
figuré *abboyer après quelque chose*, pour dire, *la désirer, la
poursuivre ardemment. Ils sont trois ou quatre qui abboyent
après cette charge. Abboyer après une succession.* (Edit. de 1694,
t. I, p. 2.) — On connaît la belle réimpression de cet édition
du *Dictionnaire*, entreprise et menée à bonne fin récemment
par M. Paul Dupont, professeur à la Faculté des Lettres de
l'Université de Lille (Lille, Danel, 1901, 2 vol. in-4°). Cette
photographie réduite de l'ancien in-folio devenu rare et d'ailleurs peu commode, est un vrai service rendu aux travailleurs
pour la connaissance de la langue du XVIIe siècle. On ne
saurait trop recommander l'usage de ce *Dictionnaire* dans
l'explication des auteurs. — S. François de Sales écrit *abbayer.*
(Éd. d'Annecy, t. III, p. 195.)

[69] « Disoit ingénieusement le grand et le docte Salvien. »
(Ms. P.). Salvien est relativement souvent cité par Bourdaloue,
et j'ai déjà signalé à deux reprises des manuscrits où il est
appelé l'*évêque* Salvien (*Histoire critique*, p. 96, et *Sermons
inédits*, p. 80, note 5). La même erreur se rencontre dans
l'édition, au sermon pour le premier dimanche après l'Epi-
phanie, t. IX, p. 20, de l'édition princeps : « Ainsi parloit
l'éloquent évêque de Marseille. » Au ms. Tournemeulle, on lit :
« Salvien, évêque de Marseille, qui étoit le Jérémie de son
siècle. » — Salvien, né à Cologne, selon Baluze, et prêtre de
l'église de Marseille, envoyait à un certain nombre d'évêques,
entre autres saint Eucher, de Lyon, des lettres que ceux-ci
faisaient lire dans leurs églises. Ce fait fit nommer Salvien le
maître des evêques, et amena la confusion signalée plus haut.

souvenez-vous, homme, que vous êtes poussière ; *et in pulverem reverteris*, et que vous retournerez en poussière. Je n'ai qu'à l'adresser, cet arrêt, à tout ce qu'il y a dans cet auditoire d'âmes passionnées, pour les obliger à n'avoir plus ces désirs vastes et sans mesure qui les tourmentent toujours et qu'on ne remplit jamais [70]. Je n'ai qu'à leur faire la même invitation que firent les Juifs au Sauveur du monde, quand ils le prièrent d'approcher du tombeau de Lazare, et qu'ils lui dirent : *Veni, et vide* [71], venez et voyez [72].

Venez, avares [73] : vous brûlez d'une insatiable cupidité, dont rien ne peut amortir l'ardeur ; et parce que cette cupidité est insatiable, elle vous fait commettre mille iniquités, elle vous endurcit aux misères des pauvres, elle vous jette dans un profond oubli de votre salut. Considérez bien ce cadavre : *Veni, et vide* ; venez et voyez. C'étoit un homme de fortune comme vous [74]; en peu

[70] Dans le sens de satisfaire pleinement, comme Pascal : « Un plaisir vrai ou faux peut remplir également l'esprit. » *Disc. sur les passions de l'amour* (H).

[71] *Io.*, XI, 34. Ce n'est pas Jésus-Christ, ainsi que le suppose à tort le texte du manuscrit cité à la note 72, qui dit, dans l'Évangile : *Veni et vide*, mais, comme a bien rectifié l'éditeur, les Juifs venus au tombeau de Lazare. *Dicunt ei : Domine, veni et vide.*

[72] Cette phrase est excellente : celle du ms. Phelipeaux, plus particulière, n'est pas moins bonne : « Quel remède à ceci? Quelle digue opposer à ce torrent impétueux des désirs immodérés de nos passions? Je vous l'ai déjà dit : C'est la pensée de la mort. Prenons l'avare le plus insatiable de richesses, l'ambitieux le plus avide d'honneurs et de dignités, le voluptueux le plus désireux des plaisirs. Je n'ai qu'à leur dire à tous : *Memento, homo, quia pulvis es,* pour arrêter le cours de leurs désirs. Je n'ai qu'à dire à cet avare, ce que Jésus-Christ dit dans l'Evangile : *Veni et vide*, venez et voyez.»

[73] Nous ne voyons pas pourquoi l'édition Hatzfeld porte : Venez, avare (au singulier), s'écartant ainsi du texte donné par Bretonneau. Sans doute, l'apostrophe est très logique, mais il faut bien se conformer au texte de l'édition, quand on le publie.

[74] Ce qui répond à l'expression du ms. P. : « C'étoit un homme riche et opulent comme vous. » Le ms. A porte : « C'étoit un homme de fortune... de pouvoir et de crédit.»

d'années, il s'étoit enrichi comme vous ; il a eu, comme vous, la folie de vouloir laisser après lui une maison opulente et des enfants avantageusement pourvus. Mais le voyez-vous maintenant ? Voyez-vous la nudité, la pauvreté où la mort l'a réduit ? Où sont ses revenus ? où sont ses richesses ? où sont ses meubles somptueux et magnifiques ? A-t-il quelque chose de plus que le dernier des hommes ? Cinq pieds de terre et un suaire qui l'enveloppe, mais qui ne le garantira pas de la pourriture : rien davantage. Qu'est devenu tout le reste ? Voilà de quoi borner votre avarice : *Veni, et vide* [75].

Venez, homme du monde, idôlâtre d'une fausse grandeur ; vous êtes possédé d'une ambition qui vous dévore ; et parce que cette ambition n'a point de terme, elle vous ôte tous les sentiments de la religion, elle vous occupe, elle vous enchante, elle vous enivre. Considérez ce sépulcre : qu'y voyez-vous ? C'étoit un seigneur de marque comme vous, peut-être plus que vous ; distingué par sa qualité, comme vous, et en passe d'être toutes choses. Mais le reconnoissez-vous ? Voyez-vous où la mort l'a fait descendre ? Voyez-vous à quoi elle a borné ses grandes idées ?

[75] Ce passage, rattaché sans doute originairement au sermon sur *la préparation à la mort* (jeudi ou vendredi de la 4ᵉ semaine) par l'emploi du texte même *veni et vide,* tiré du chapitre XI de saint Jean, se retrouve donc parallèlement dans plusieurs sermons. Voy. dans l'*Histoire critique,* pp. 103 et 181, ms. d'Abbeville et ms. Tournemeulle. Voici le texte du ms. Phelipeaux : « Venez à ce sépulcre ; considérez ce cadavre : C'étoit un homme riche et opulent comme vous, qui avoit un très grand train, comme vous, quantité de terres, comme vous, quantité de rentes, comme vous ; il a eu la folie comme vous de vouloir laisser une famille grande et une postérité riche. *Veni et vide,* venez et voyez, et qu'est-ce que cet homme ? En est-il maintenant plus riche ? Son or et son argent l'ont-ils exempté de la pourriture ? Ses richesses l'ont-elles défendu contre les vers ? etc... » Ce texte qu'il faudrait lire au long, supporte, on le voit, la comparaison avec l'édition, et il est même permis de le préférer comme aussi ferme et plus concret.

Voyez-vous comme elle s'est jouée de ses prétentions ?
C'est de quoi régler les vôtres : *Veni, et vide* [76].

Venez, femme mondaine, venez; vous avez pour votre
personne des complaisances extrêmes : la passion qui vous
domine est le soin de votre beauté; et parce que cette passion est démesurée, elle vous entretient dans une mollesse
honteuse; elle produit en vous des désirs criminels de
plaire, elle vous rend complice de mille péchés et de mille
scandales. Venez et voyez: c'était une jeune personne
aussi bien que vous ; elle étoit l'idole du monde comme
vous, aussi spirituelle que vous, aussi recherchée et aussi
adorée que vous [77]. Mais la voyez-vous à présent ? Voyez-
vous ces yeux éteints, ce visage hideux et qui fait
horreur? C'est de quoi réprimer cet amour infini de vous-
même : *Veni, et vide*.

[76] Il serait bon de comparer aussi l'apostrophe à l'ambitieux
dans les divers manuscrits parallèles au texte de Bretonneau.
Celui de Tournemeulle donne : « *Veni et vide*, venez et voyez
cet homme qui étoit du grand monde, qui étoit idolâtre de la
grandeur, qui avoit l'ambition de s'élever par dessus tout le
monde, qui étoit rempli de jalousie, ne pouvant souffrir
personne au-dessus de lui. C'étoit un homme qui étoit considéré au-dessus de tous les grands, qui étoit en passe d'être
tout. Le voyez-vous où la mort l'a borné ? »

[77] Pour le paragraphe consacré à la mondaine, l'édition
a, plus encore que dans les autres, atténué tout ce que nous
offrent de réaliste les diverses leçons des manuscrite. C'est par
l'apostrophe au voluptueux que celui d'Abbeville commence,
contrairement à l'ordre suivi dans les deux autres : « Levez,
levez cette pierre et détrompez-vous de ce que vous croyez
être une dame chrétienne qui a été recherchée et tant flattée
par sa beauté, et qui a tant causé de scandale. Cette jeune
personne qui a malheureusement aimé le monde plus que son
Dieu, *Tollite lapidem*, levez cette pierre, la voyez-vous maintenant? La connoissez-vous? Voyez comme ce sein est tout
fourmillant de vers ». Ici le prédicateur tourne court et cesse
son développement. Au manuscrit P., il le prolonge, mis à
l'aise sans doute par cette précaution oratoire : « Peut-être que
l'ouverture de ce tombeau offensera votre délicatesse...
mais il n'importe, *veni et vide;* il faut, aux dépens de votre
délicatesse, vous apprendre à modérer les mouvements de
vos passions. » L'édition Hatzfeld omet les mots « et aussi
adorée. »

Enfin nos passions sont injustes, soit dans les sentiments qu'elles nous inspirent à notre propre avantage, soit dans ceux qu'elles nous font concevoir au désavantage des autres ; mais la mort, dit le philosophe, nous réduit aux termes de l'équité, et par son souvenir nous oblige à nous faire justice nous-mêmes, et à la faire aux autres de nous-mêmes : *Mors sola ius aequum est generis humani*[78]. En effet, quand nous ne pensons point à la mort, et que nous n'avons égard qu'à certaines distinctions de la vie, elles nous élèvent, elles nous éblouissent, elles nous remplissent de nous-mêmes. On devient fier et hautain, dédaigneux et méprisant, sensible et délicat, envieux et vindicatif, entreprenant, violent, emporté. On parle avec faste ou avec aigreur, on se pique aisément, on pardonne difficilement, on attaque celui-ci, on détruit celui-là ; il faut que tout nous cède, et l'on prétend que tout le monde aura des ménagements pour nous, tandis qu'on n'en veut avoir pour personne. N'est-pas ce qui rend quelquefois la domination des grands si pesante et si dure ?[79] Mais méditons la

[78] Ce mot de Sénèque est cité d'une manière différente dans le ms. P. dont voici le texte... « comme l'a reconnu même un philosophe de l'antiquité. *Mors sola humano generi reddit ius.* »

[79] La description de ces duretés et de ces hauteurs est faite ici dans un passage du ms. Phelipeaux : « Quand une passion d'orgueil et de vanité règne dans un grand, avec quel mépris regarde-t-il tous ceux qui sont au-dessous de lui ; avec quel faste et quelle superbe reçoit-il leurs services ; il croit que pour lui tout est dû et que tout ce qu'ils peuvent faire n'est encore [que] la moitié de ce qu'ils lui doivent. Or voulez-vous rien de plus injuste que cela ? Mais ces dédains, ce mépris, ces distinctions, tout cela périra à la mort ; tout cela s'évanouira dans la pensée de la mort, ces pensées que nous sommes quelque chose de plus que les autres. Erreur, erreur, dont la mort nous détrompera : *Ego dixi dii estis.* Vous vous êtes imaginé que vous êtes de petites divinités en terre, dit un prophète, et voilà ce qui fait votre orgueil et votre vanité. Mais apprenez que vous mourrez comme les autres et que la mort, qui a déjà tant égalé de houlettes et de sceptres, *mors adaequatrix optima,* égalera encore votre sort à celui du plus bas de vos sujets. *Verum-*

mort, et bientôt la mort nous apprendra à nous rendre justice, et à la rendre aux autres de nos fiertés et de nos hauteurs, de nos dédains et de nos mépris, de nos sensibilités et de nos délicatesses, de nos envies, de nos vengeances, de nos chagrins, de nos violences, de nos emportements [80]. Comme donc il ne faut, selon l'ordre et la parole du Dieu tout-puissant, qu'un grain de sable pour briser les flots de la mer, *Hic confringes tumentes fluctus tuos* [81], il ne faut que cette cendre qu'on nous met sur la tête, et qui nous retrace l'idée de la mort, pour rabattre toutes les enflures de notre cœur [82], pour en arrêter toutes les fougues, pour nous contenir dans l'humilité et dans une sage modestie. Comment cela ? C'est que la mort nous remet devant les yeux la parfaite égalité qu'il y a entre

tamen moriemini. Voilà ce qui doit abattre tout votre emportement. » Est-ce que ces métaphores de houlette et de sceptre ont paru ou trop familières ou trop particulières à Bretonneau, sinon à Bourdaloue se revisant lui-même ? En tout cas, fidèle à son système de généralisation, l'édition (p. 20) enlève soigneusement ce beau passage, et les applications diverses qu'elle lui substitue le laissent regretter à qui connaît le « vrai texte. »

[80] « Nous rendre et rendre aux autres justice de nos fiertés » semble équivaloir au sens d'« expier nos fiertés, » etc. C'est un latinisme qui dit plus que « rendre justice à nous-mêmes et aux autres du sujet de nos fiertés », qui était l'explication de M. Hatzfeld, p. 99, note 2.

[81] *Iob*, XXXVIII, 11.

[82] S'il y a eu ici un travail d'éditeur, on ne peut que concéder qu'il a heureusement tiré parti de la simple métaphore du début, non conservée dans l'édition (V. plus haut, note 25) : « pensez que... ces emportements se doivent un jour briser contre la cendre du sépulcre. » Cette ébauche serait peut-être devenue, grâce au rapprochement heureux du texte de Job : *Hic confringes*, etc., le passage qu'on lit dans l'édition Bretonneau. Nous le pouvons supposer à sa décharge. Il est même fort vraisemblable que par son travail de retouches, il n'a point trahi les intentions de Bourdaloue, et est entré avec souplesse dans ce que le prédicateur mais rêvé de faire pour lui-même. Il n'en reste pas moins que, sans lui reprocher de n'avoir pas eu d'autres idées que celles de son temps, nous regrettons les coups de lime qui nous ont privés de tant de traits plus naturels et plus vrais.

tous les autres hommes et nous, égalité que nous oublions si volontiers, mais dont la vue nous est si nécessaire, pour nous rendre plus équitables et plus traitables.

Car, quand nous repassons ce que disoit Salomon, et que nous le disons comme lui : tout sage et tout éclairé que je puis être, je dois néanmoins mourir comme le plus insensé : *Unus et sulti et meus occasus erit.* [83] Quand nous nous appliquons ces paroles du Prophète royal : vous êtes les divinités du monde, vous êtes les enfants du Très-Haut; mais, fausses divinités, vous êtes mortelles, eu vous mourrez en effet, comme ceux dont vous voulez recevoir l'encens, et de qui vous exigez tant d'hommages et tant d'adorations : *Dii estis, et filii Excelsi omnes: vos autem sicut homines moriemini* [84]. Quand, selon l'expression de l'Ecriture, nous descendons encore tout vivants et en esprit dans le tombeau [85], et que le savant s'y voit confondu avec l'ignorant, le noble avec l'artisan, le plus fameux conquérant avec le plus vil esclave : même terre qui les couvre, mêmes ténèbres qui les environnent, mêmes vers qui les rongent, même corruption, même pourriture, même poussière : *Parvus et magnus ibi sunt, et servus liber à domino suo* [86]; quand, dis-je, on vient à faire ces réflexions, et à considérer que ces hommes au dessus de qui l'on se place si haut dans sa propre estime, que ces hommes à qui l'on est si jaloux de faire sentir son pouvoir, et sur qui l'on veut prendre un empire si absolu, que ces hommes pour qui l'on n'a ni compassion, ni charité, ni condescendance, ni égards, que ces hommes de qui l'on ne

---

[83] *Eccl.*, II, 14. *Sapientis oculi in capite eius : stultus in tenebris ambulat : et didici quod unus utriusque esset interitus.*

[84] *Ps.* LXXXI, 6, 7. La citation précédente de l'Ecclésiaste avec son développement, manque dans le ms. P. Mais le passage du psaume, suivi d'une application à peu près semblable, se rencontre en un autre endroit. V. plus haut, note 79.

[85] Allusion au verset du psaume LIV, 16. *Veniat mors super illos et descendant in infernum viventes..*

[86] *Iob*, III, 19.

peut rien supporter, et contre qui l'on agit avec tant d'animosité et de rigueur, sont néanmoins des hommes comme nous, de même nature, de même espèce que nous ; ou, si vous voulez, que nous ne sommes que des hommes comme eux, aussi foibles qu'eux, aussi sujets qu'eux à la mort et à toutes les suites de la mort : ah! mes chers auditeurs, c'est bien alors que l'on entre en d'autres dispositions. Dès là [87] l'on n'est plus si infatué de soi-même, parce que l'on se connoît beaucoup mieux soi-même ; dès là l'on n'exerce plus une autorité si dominante et si impérieuse sur ceux que la naissance, ou que la fortune a mis dans un rang inférieur au nôtre, parce qu'on ne trouve plus, après tout, que d'homme à homme il y ait tant de différence ; dès là l'on n'est plus si vif sur ses droits, parce que l'on ne voit plus tant de choses que l'on se croie dues ; dès là l'on ne se tient plus si grièvement offensé dans les rencontres, et l'on n'est plus si ardent ni si opiniâtre à demander des satisfactions outrées, parce qu'on ne se figure plus être si fort au-dessus de l'agresseur, ou véritable ou prétendu, et qu'on n'est plus si fort persuadé qu'il doive nous relâcher tout et condescendre à toutes nos volontés. On a de la douceur, de la retenue, de l'honnêteté, de la complaisance, de la patience ; on sait compatir, prévenir, excuser, soulager, rendre de bons offices et obliger. Saints et salutaires effets de la pensée de la mort [88]. C'est le remède le plus souverain pour amortir le feu de nos passions, comme c'est encore la règle la plus infaillible pour conclure sûrement dans nos délibérations. Vous l'allez voir dans la seconde partie.

[87] Noter cette expression, au sens de *dès lors*, rencontrée plus haut sous la forme *de là*. Cf. plus haut, note 43.

[88] Ces considérations sur l'effet de la pensée de la mort ne se lisent pas dans le texte manuscrit du recueil Phelipeaux, notablement plus court en cette première partie.

SECONDE PARTIE.

Quelque **pénétration** que nous ayons, et de quelque
force d'esprit que **nous** puissions nous piquer [89], c'est un
oracle de la foi, que **nos** pensées sont timides, nos prévoyances incertaines : *Cogitationes mortalium timidae,
et incertae providentiae nostrae* [90]. Nos pensées sont
timides, dit saint Augustin [91] expliquant ce passage,

[89] Se piquer de quelque chose, s'en faire honneur. Mol.
Misanth., IV, 1,
> Et la sincérité dont son âme se pique
> A quelque chose en soi de noble et d'héroïque. (H).

C'est un des mots les plus familiers à Bourdaloue. L'édition
l'a conservé fréquemment et il se rencontre presque partout
dans les copies.

[90] *Sap.*, IX, 14. L'édition Hatzfeld ajoute : *et* nos prévoyances...

[91] La copie donne le commentaire comme tiré de saint
Bernard. Celui-ci a pu emprunter lui-même à saint Augustin,
et il est possible que les deux leçons soient exactes. Comment
le vérifier sur des indications aussi vagues? Il est bien à
craindre aussi que ces noms de Pères, pour des passages
surtout où aucun texte précis n'est apporté, soient donnés
quelque peu au hasard, soit par l'incurie des scribes, soit même
du fait du prédicateur intervertissant par un lapsus de mémoire les autorités dont il emprunte la pensée (Cf. note 36). Ici
d'ailleurs, par l'influence peut-être de deux sources distinctes,
les développements diffèrent dans l'édition et dans le manuscrit P. dont voici le texte, plus bref que l'édition : « C'est une
vérité de la foi : nos pensées sont courtes et incertaines.
Cogitationes nostrae breves et incertae. Nos pensées sont
incertaines, dit le dévot saint Bernard, parce qu'elles n'ont
point une véritable fin qui les puisse arrêter : elles sont
courtes et par conséquent pénibles, parce que si elles ont
quelque fin, ce n'est pas la véritable fin, elles en changent à
tous moments, et ce changement continuel les fait passer
aussi continuellement d'inquiétude en inquiétude, de travail
en travail, de recherche en recherche. Le secret donc pour
remédier à tous ces désordres, ce seroit de trouver quelque
chose qui pût fixer ces incertitudes et arrêter ces inquiétudes,
en leur faisant connoître quelle est la fin qui les doit faire
agir, qui peut arrêter et corriger ces inquiétudes, en leur
faisant connoître quelle est la fin à qui elles se doivent insé-
parablement attacher. Le secret, en un mot, ce seroit de

parce que souvent, dans les choses mêmes qui regardent le salut, nous ne savons pas si nous prenons le meilleur parti, ni même si le parti que nous prenons est absolument bon, et que nous n'avons point assez d'évidence pour en faire un discernement exact, beaucoup moins un discernement sûr et infaillible. D'où il s'ensuit que, malgré toutes nos lumières, nous craignons de nous y tromper, et que nous avons sujet de le craindre, puisque la voie où nous nous engageons, quelque droite qu'elle nous paroisse, peut ne l'être pas en effet, et que les vues courtes et bornées d'une foible raison qui nous sert de guide, n'empêchent pas que nous ne soyons exposés aux funestes égarements dont saint Paul vouloit nous garantir, quand il nous avertissoit d'opérer notre salut avec crainte et avec tremblement [92] : *Cogitationes mortalium timidae.* Comme nos pensées sont timides, l'Ecriture ajoute que nos prévoyances [93] sont incertaines, parce que l'avenir n'étant pas en notre pouvoir, et Dieu s'en étant réservé la connoissance, de quelque précaution que nous usions, nous sommes toujours dans le doute si ce que nous entreprenons, quoique avec des intentions pures et en apparence

trouver quelque chose qui fût pour elles une source féconde et intarissable de conseil et de délibération, mais une source exempte de peines, d'inquiétude et de travail. Or, je soutiens qu'il n'y en a point de plus propre à cela que la pensée de la mort, parce que c'est l'expression la plus vive et la plus naturelle et la plus sensible de cette fin à laquelle toutes nos passions doivent tendre et à laquelle elles se doivent attacher, et par conséquent, disons que cette pensée est la règle la plus sûre et la plus certaine pour fixer toutes nos délibérations. »

[92] Opérer a ici le sens latin de *travailler à...* (H.) — L'emploi s'explique : Cf., *Philip.*, II, 12. *Cum metu et tremore vestram salutem operamini.* C'est donc la traduction plus littérale de ce passage biblique qui a fait conserver cet archaïsme.

[93] Nos vues d'avenir (H.). C'est encore une traduction littérale. La seconde partie du texte : *et incertae providentiae nostrae*, que le manuscrit P. laisse complètement, est la source de ce paragraphe absent de la copie, ici beaucoup moins pleine.

chrétiennes, est bien entrepris ; si nous n'aurons point lieu un jour de nous en repentir ; si notre conscience ne nous le reprochera jamais, et si ce que nous avons cru innocent pendant la vie ne sera point à la mort la matière de nos regrets et de nos désespoirs : *Et incertae providentiae nostrae.* Etat malheureux, que le plus éclairé des hommes déploroit, et qu'il regardoit comme la suite fatale du péché [94]. Il seroit donc important de trouver un moyen qui nous délivrât de ces incertitudes affligeantes, et de ces craintes si opposées à la paix intérieure de nos âmes ; qui, dans les occasions où il s'agit de nos devoirs, nous mît en état de conclure toujours sûrement, et qui, dans mille conjonctures où le salut et la conscience se trouvent mêlés, nous préservât également et de l'erreur et du repentir. Or, je soutiens que le moyen pour cela le plus efficace est le souvenir de la mort. Pourquoi ? Le voici : parce que le souvenir de la mort est une application vive et touchante que nous nous faisons à nous-mêmes, de la fin dernière, qui doit être le solide fondement de toutes nos délibérations, et qu'il est certain qu'en pratiquant ce saint exercice du souvenir fréquent de la mort, nous prévenons ainsi tous les remords et tous les troubles dont pourroient être sans cela suivies nos résolutions [95]. Dans l'engage-

---

[94] L'auteur inconnu du livre de la *Sagesse* n'est pas Salomon, comme le marque la note de l'édition Hatzfeld, et comme le croyait le prédicateur, à en juger par l'expression « le plus éclairé des homme. » C'est cependant de la prière de Salomon qu'est tiré le texte commenté ici par Bourdaloue, et que suit immédiatement ce verset : *Corpus enim quod corrumpitur aggravat animam, et terrena habitatio deprimit sensum multa cogitantem.* (*Sap.*, IX, 15). Il est donc exact de dire que l'auteur sacré déplore plus la condition du penseur gêné dans ses méditations par l'infirmité du corps, que le péché, cause de ces peines. Du moins c'est bien indirectement que se vérifie la phrase du prédicateur.

[95] Le texte du manuscrit mérite d'être rapproché de ce passage. Le début, s'il n'y a point là une simple omission de scribe, oubliant la préposition *sur*, nous fournirait un exemple du mot *délibérer* repris activement. « Pour délibérer sûrement quelque chose, il faut nécessairement avoir devant les yeux

ment indispensable [96] où nous sommes de régler selon Dieu notre conduite, est-il rien de plus instructif, rien de plus édifiant et même de plus consolant pour nous que ces vérités ? Suivez-moi.

Pour bien délibérer et pour bien résoudre, il faut toujours avoir devant les yeux cette fin dernière, qui est la règle de tout, et à laquelle par conséquent tout ce que nous nous proposons dans le monde doit aboutir, comme autant de lignes au centre. J'entends par la fin dernière ce souverain bien, cet unique nécessaire, ce salut que nous ne devons jamais perdre de vue, et dont toutes nos actions doivent avoir une dépendance essentielle et immédiate. C'est un axiome indubitable dans la morale chrétienne et un principe universellement reconnu. Mais le moyen d'avoir toujours ce regard fixe sur un objet aussi élevé que celui-là, et de pouvoir être assez attentifs sur nous-mêmes, pour observer dans chaque action de la vie le rapport qu'elle a, je ne dis pas à la fin particulière et prochaine

cette dernière et cette première fin qui est la règle de toutes les autres et considérer avec attention la proportion qu'il y a entre les moyens que nous voulons prendre et cette dernière fin. Mais le moyen d'avoir toujours le regard fixé sur une chose qui est si élevée ? Le moyen de voir la proportion qu'il y a entre cette dernière fin et les moyens que je veux prendre, ou entre toutes les autres fins qui lui sont subordonnées ? Tout le monde n'est pas capable de ces raisonnements. — J'en demeure d'accord. Mais aussi, vous m'avouerez d'autre côté que tout le monde est capable de penser à la mort. Or c'est là le secret que nous pensons. Car quiconque pense sérieusement à la mort, n'a pas besoin de grands raisonnements pour délibérer sur ce qu'il doit faire, puisque cette pensée lui fait découvrir d'une seule vue et la fin pour laquelle il doit agir et les moyens qui sont proportionnés à cette fin, en lui faisant toucher au doigt la fin véritable pour laquelle nous sommes tous au monde. »

[96] Ce mot *indispensable*, au sens de *nécessaire, ne souffrant pas de dispense ni d'exception*, est bien de la langue de Bourdaloue et de son temps. Je l'ai relevé dans un règlement rédigé par Bossuet pour les religieuses de l'abbaye de Faremoutiers : « Le silence de l'après-dînée sera indispensable. » Cf. *De munere pastorali Bossuet*, p. 204, note 1.

qui nous fait agir, mais à la fin commune et plus éloignée
où nous devons tous aspirer ? C'est, mes chers auditeurs,
d'envisager et de prévoir la mort : la mort, malgré nous-
mêmes, nous rappelle toute l'éternité qui la suit; elle la
rapproche de nos yeux, comme un rayon de lumière, mais
un rayon vif et perçant qui se répand dans nos esprits, et
par là elle nous découvre tout ce qu'il y a dans nos entreprises et dans nos desseins de bon ou de mauvais, de sûr
ou de dangereux, d'avantageux ou de nuisible.

En effet, pénétré que je suis de cette pensée : il faut
mourir, je commence à juger bien plus sainement de toutes
choses : dégagé de mille illusions que la mort et l'éternité
dissipent, quelque occasion qui se présente, je vois bien
plus clairement et bien plus vite ce qui m'éloigne de ma
fin ou ce qui peut m'aider à y parvenir : et dès que je le
vois, je ne balance point sur la résolution que j'ai à former
touchant ce qui m'est ou salutaire ou préjudiciable dans
la voie de Dieu. Je dis sans hésiter : ceci m'est pernicieux,
ceci m'est utile, ceci m'exposera, ceci me perdra ; et puisqu'il [97] m'est pernicieux, je le dois donc rejeter; et
puisqu'il m'est utile, je le dois donc prendre; et puisqu'il
m'exposera, je le dois donc craindre; et puisqu'il me
perdra, je le dois donc éviter. Sans la vue de la mort, cette
considération de ma dernière fin ne feroit tout au plus sur
moi qu'une impression superficielle, qui ne m'empêcheroit
pas de donner dans mille écueils, et de faire mille fausses
démarches ; c'est ce que l'expérience nous apprend tous
les jours. Mais quand je médite la mort et l'éternité qui en
est inséparable, elle frappe mon esprit et toutes les puis-
sances de mon âme, en sorte même que je ne puis plus
me distraire, ni me détourner de cette fin bienheureuse à
laquelle je suis appelé et pour laquelle j'ai été créé. Je me
trouve comme déterminé à la faire entrer dans tous les
projets que je trace, dans tous les intérêts que je recherche,

[97] Cet emploi de *il*, au neutre, fréquent chez Bossuet
(V. Lebarq, t. I. p. XXXVI), est une des particularités de la
syntaxe du temps.

dans tous les droits que je poursuis : et parce que cette
fin ainsi appliquée est la règle infaillible du mal qu'il faut
fuir et du bien qu'il faut embrasser, la méditation de la
mort devient pour moi, selon l'Écriture, un fonds de
prudence et d'intelligence [98] : *Utinam saperent et intelligerent, ac novissima providerent !* [99]

Aussi, pourquoi les païens mêmes rendoient-ils une
espèce de culte aux tombeaux de leurs ancêtres ? Pourquoi
y avoient-ils recours comme à leurs oracles ? Pourquoi,
dans les traités et dans les négociations importantes, y
tenoient-ils leurs conseils et leurs assemblées ? C'étoit une
superstition, mais cette superstition, remarque Clément
Alexandrin [100], ne laissoit pas d'être fondée sur un instinct

[98] La brièveté de la copie dans les passages parallèles,
est à noter et la comparaison s'impose. Elle est intéressante
dans le détail même et l'expression : « un fonds de sagesse où
tous les hommes doivent prendre leur conseil », est à rapprocher de la fin de ce paragraphe : « Quand cette pensée m'occupe :
il faut que je meure un jour, et quand je serai une fois mort,
il n'y aura plus de retour, je vois tout d'un coup ce qu'il faut
faire et ce qu'il ne faut pas faire. Car si je délibère sur
quelque chose, incertain du quel parti je dois prendre,
je n'ai qu'à me dire à moi-même : çà, de quoi me repentirois-
je à la mort ? Seroit-ce d'avoir pris ce parti ? ou bien d'avoir
embrassé le contraire ? Seroit-ce de m'être engagé dans cette
intrigue, ou bien de n'y être jamais entré? Seroit-ce d'avoir
entrepris cette affaire ou de n'y avoir jamais songé ? Pour
lors je vois facilement ce qui est capable de me corrompre,
ce qui est capable de me sauver, ce qui est capable de me
conduire à ma dernière fin, ce qui est capable de m'en
détourner et parce que cette fin ainsi appliquée est la règle
infaillible de notre incertitude, voilà pourquoi le sage disoit
que c'étoit un fonds de sagesse où tous les hommes devoient
prendre leur conseil et de quoi fixer leurs délibérations. Plût
à Dieu que les hommes pussent considérer attentivement et
s'appliquer à eux-mêmes cette dernière fin ! Nous ne verrions
pas tant d'incertitudes, tant d'inconstances, ni tant d'indéci-
sions dans le monde. *Utinam saperent et intelligerent et
novissima providerent !* »

[99] *Deut.*, XXXII, 29.

[100] Ce témoignage de Clément d'Alexandrie est invoqué
aussi dans le texte manuscrit du recueil Phelipeaux, mais
aucune autorité n'est citée dans les passages parallèles, très
abrégés, du sermon *sur la Préparation à la mort*, dont

secret de raison et de religion. Car ils sembloient ainsi reconnoître que leurs conseils ne pouvoient être ni régulièrement ni constamment sages, sans le souvenir et la vue de la mort. C'est pour cela qu'ils ne s'assembloient pas dans des lieux de réjouissance, mais dans le séjour de l'affliction et des larmes ; parce que c'est là, comme dit Salomon, que l'on est authentiquement averti de la fin de tous les hommes, et par conséquent que l'on est plus capable de consulter et de décider : *Illic enim finis cunctorum admonetur hominum* [101]. Or, ce que faisoient les païens peut nous servir de modèle, en le rectifiant et le sanctifiant par la foi [102].

En effet, il n'y a point de jour, mes chers auditeurs, où vous ne deviez, pour ainsi dire, tenir conseil avec Dieu et avec vous-mêmes [103] ; tantôt pour le choix de votre état,

diverses leçons présentent ce souvenir de l'antiquité païenne, assez fantaisiste, il le faut avouer. — V. plus bas, note 102, le passage du manuscrit Joursanvault.

[101] *Eccl.*, VII, 3. *Melius est ire ad domum luctus quam ad domum convivii : in illa enim finis cunctorum admonetur hominum.* — *Illic* est donc un changement amené par la citation incomplète, et que n'a point rectifié l'édition où est indiqué le chapitre V^e au lieu du VIIe. Cf. notes 83 et 114.

[102] On lit dans le manuscrit P. : « Et pourquoi lisons-nous, à votre avis. dans l'histoire des anciens idolâtres que quand il étoit question d'assembler conseil sur quelque matière d'importance, ils s'assembloient plutôt auprès des tombeaux, etc. » Le manuscrit Joursanvault, dans un sermon pourtant différent (c'est celui de *la préparation à la mort*), rappelle aussi, et en très peu de mots, ces traits : « Quand les païens avoient quelque chose à entreprendre, ils delibéroient sur les tombeaux. Falloit-il entreprendre quelque chose de grand, ils alloient sur le sépulcre de leurs parents, et quoique les sépulcres ne leur inspirassent rien de divin, ils ne se laissoient point d'en avoir quelque respect et d'en tirer quelque espèce de règle pour leur conduite. Ah ! mes frères, la grande règle des affaires de conscience, c'est de recourir au tombeau et à l'idée de la mort. Faut-il embrasser quelque état, demandez-vous à vous-mêmes, voudrois-je l'avoir fait à la mort ? » (Comparez ce même passage, à la fin du texte d'Abbeville, IVe point.)

[103] L'expression du manuscrit P. est encore plus particulière: « il n'y a point de jour où nous ne dussions assembler le conseil entre Dieu et nous... »

tantôt pour le gouvernement de vos familles, tantôt pour l'usage de vos biens, tantôt pour la disposition [104] de vos emplois, tantôt pour la mesure de vos divertissements, tantôt pour l'ordre de vos dévotions, tantôt pour votre propre conduite, tantôt pour la conduite de ceux dont vous devez répondre : car, malheur à nous si nous abandonnons tout cela au hasard, et si nous agissons sans règle et sans principe. En vain dirons-nous que nous n'avons pas eu assez de lumières pour trouver là-dessus, parmi les embarras du siècle, le point fixe et immobile de la vraie sagesse. Abus, chrétiens, puisque nous en avons le moyen le plus efficace. En voulez-vous une preuve sensible ? Faites-en l'essai, et jugez-en par vous-mêmes. Il s'agit de choisir un état de vie : choisissez-le comme devant un jour mourir, et vous verrez si la tentation et le désir de vous élever vous y fera prendre un vol trop haut. Il est question de régler l'usage de vos biens : réglez-le comme les devant bientôt perdre, parce qu'il faudra bientôt mourir ; et vous verrez si l'attachement aux richesses tiendra votre cœur étroitement resserré dans les bornes d'une avare convoitise. On vous propose un intérêt, un gain, un profit : examinez-le comme étant sûrs d'en rendre compte à Dieu et de mourir ; et vous verrez si les maximes du monde vous y feront rien hasarder contre les lois de la conscience. Vous êtes embarqué dans une affaire, vous avez un différend à terminer : videz l'un et l'autre comme vous voudriez l'avoir fait, s'il falloit maintenant mourir ; et vous verrez si l'entêtement ou l'orgueil vous fera oublier les lois de la justice et manquer aux devoirs de la charité [105]. Non, Chrétiens, il n'y aura plus rien à

---

[104] Il y a sans doute une faute d'impression dans la note de l'édition Hatzfeld, qui donne ici : « *Manière de les exposer.*» Toutefois, s'il faut lire *disposer* ou *manière d'en disposer*, on se demande en quoi cette explication éclaire le sens d'une expression en somme aisée à comprendre.

[105] Le texte de la copie Phelipeaux est à comparer avec ce passage. Il est plus court, mais ne manque pas de couleur : « Est-il question de prendre un état de vie, est-il question de

craindre pour vous. La seule pensée que vous devez mourir corrigera vos erreurs, détruira vos préjugés, arrêtera vos précipitations, servira de frein à vos empressements, et de contrepoids [106] à vos légèretés. Et n'est-ce pas ce qui, de tout temps, a conduit les saints dans les voies

ménager honnêtement vos biens, est-il question de régler votre famille, ou de déterminer quelques conditions que vos enfants peuvent embrasser, pensez à la mort, ou plutôt consultez là-dessus et suivez avec assurance ce qu'elle vous dira. On vous parle d'un engagement, d'une charge, de mariage, d'une affaire d'une intrigue, d'une société, de quelque trafic, pensez à la mort et vous verrez si les lois dans lesquelles le monde voudroit bien vous régler en cette occasion, s'accordent aux conseils qu'elle vous donnera. Vous vous êtes engagé dans une querelle et dans un différend que vous avez eu pour la défense de ce que vous avez de plus cher, je veux dire votre honneur, consultez la mort, et vous verrez si l'entêtement de l'orgueil ou de la superbe du monde vous portera à défendre avec tant d'aigreur et d'opiniâtreté une fumée qui ne dure qu'un moment. »

[106] Cette métaphore du contrepoids à opposer aux inclinations mauvaises semble plaire à Bourdaloue. On la retrouve à divers endroits de son œuvre, même dans l'édition, mais surtout dans les manuscrits où elle a plus de relief encore par l'emploi du verbe *contrepeser*. (Cf. *Dictionnaire de l'Académie*, éd. de 1694, au mot *peser*.) Par exemple, on rencontre dans le sermon encore inédit intitulé : *Point de probité sans religion*, ce passage que j'ai cité en note des *Sermons inédits* (p. 302, n. 1) : « On ne s'étonne plus qu'une femme qui étoit si retenue et si sage se soit enfin laissée gagner par les sollicitations d'un amant ; on ne s'étonne plus qu'un juge se laisse corrompre ; on ne s'étonne plus que dans les plus saintes et plus considérables places de l'Eglise on commette des actions que la sainteté de la chaire me défendroit de qualifier de friponneries, si l'usage ne m'y autorisoit d'ailleurs ; on ne s'étonne plus, dis-je, de tout cela, car comment voulez-vous que cette femme, ce juge, cet ecclésiastique ne soient pas emportés par le poids de la tentation, s'ils n'ont quelque chose qui les soutienne et qui leur serve comme de contrepoids pour contrepeser celui de la tentation ? Or, ce contrepoids, c'est la religion, qui, non seulement triomphe des attaques de l'ambition et la contre-pèse en quelque manière, en arrêtant ses saillies et ses mouvements, etc... » On voit quels passages vivants et *vécus* avaient disparu par suite du travail de l'éditior et nul ne soupçonnera les scribes d'avoir inventé ces pas .ges. — Il y a donc un Bourdaloue nouveau à connaître.

droites qu'ils ont tenues, sans s'égarer et sans tomber ?
N'est-ce pas ce qui leur a fait prendre si souvent des résolutions que le monde condamnoit de folie [107], mais que
leur inspiroit la plus haute sagesse de l'Évangile ? N'est-ce
pas ce qui les a portés à embrasser des vocations pénibles,
humiliantes, contraires à toutes les inclinations de la
nature, et où la seule grâce de Dieu les pouvoit soutenir ?
Les routes qu'ils devoient suivre pour ne se pas perdre
étoient autant de secrets de prédestination ; mais ces
secrets autrement impénétrables, se développoient sensiblement à leurs yeux dès qu'ils regardoient la mort. [108]
Il y avoit des dangers et des pièges dans le chemin où ils
marchoient, puisqu'il y en a partout : mais la vue de la
mort les préservoit de tous les pièges et de tous les dangers ; et il ne tient qu'à vous et à moi d'en tirer le même
avantage.

Si donc nous n'avons pas assez de discernement pour

[107] Il faut noter ce latinisme, qui n'est pas en somme
moins logique que l'expression encore reçue, et d'origine toute
voisine, de *taxer de folie*.

[108] Autrement, c'est-à-dire *sans cela*. Le manuscrit P., outre
les ressemblances textuelles qu'il présente avec l'édition,
offre aussi des différences pleines d'intérêt, nullement au
désavantage de la rédaction des copistes. On en jugera par
cet extrait : « Et n'est-ce pas là ce qui a conduit tous les saints
au bonheur dont ils jouissent maintenant? N'est-ce pas ce qui
les a portés à embrasser des règles si austères et des manières
de vie si extraordinaires ? N'est-ce pas ce qui les a confinés
dans le fond des déserts et des solitudes, et qui les a séparés
du commerce de tous les hommes, ce qui leur a fait embrasser
toutes ces pratiques terribles de pénitence avec joie et avec
tranquillité? Il est vrai qu'ils voyoient bien des peines de ces
entreprises, qu'ils voyoient même des contradictions de la part
de Dieu, et que souvent Dieu a permis, pour les éprouver,
qu'ils crussent qu'ils s'égaroient et qu'ils n'étoient pas dans
le bon chemin, mais ces secrets de prédestination se développoient tout aussitôt à leurs yeux dans le flambeau de la mort,
et ils ne l'avoient pas plutôt envisagée que tous ces fantômes
s'évanouissoient, que leur esprit se rassuroit, que leur ferveur
se redoubloit, et que leur cœur reprenoit une nouvelle ardeur,
et que leurs corps, quoique tout exténués par les jeûnes, les
veilles et les disciplines, devenoient plus que jamais la victime
de leur zèle et de leur amour pour Dieu. »

nous bien conduire, et si, manque de connoissance, nous
faisons des fautes irréparables ; si nous nous engageons
témérairement ; si nous choisissons des états où Dieu ne
nous a point appelés, et [109] où il nous prive de mille grâces
qu'il vouloit nous donner ailleurs ; si nous prenons des
emplois à quoi nous ne sommes pas propres, et où notre
incapacité nous fait commettre des péchés sans nombre ;
si nous contractons des alliances qui ne produisent que
des chagrins, que des amertumes, que des guerres intes-
tines, que des divorces scandaleux ; si nous nous jetons
dans des intrigues qui nous attirent de tristes revers, et
dont le succès [110] ne tourne qu'à notre confusion et à
notre ruine ; si nous entrons en des sociétés, en des
partis [111], en des négoces qui intéressent la conscience, et
où le salut nous devient comme impossible (car vous savez
combien ce que je dis est ordinaire, et Dieu sait combien
d'âmes seront éternellement malheureuses pour s'être
livrées de la sorte elles-mêmes sans réflexion et sans
discrétion) [112] ; si, dis-je, tout cela nous arrive, ne l'imputons point à Dieu, chrétiens ; ne l'imputons pas même à
notre misère. Dieu y avoit pourvu ; et malgré notre
misère, le souvenir de la mort pouvoit et devoit nous
mettre à couvert. Mais n'en accusons que notre infidélité,
qui nous fait éloigner de nous ce souvenir si nécessaire,
comme un objet fâcheux et désagréable, et qui, par une
suite inévitable, nous expose à tous les égarements où
nous nous laissons entraîner. [113]

[109] L'édition Hatzfeld supprime à tort cette conjonction.
[110] L'issue : comme dans le *Misanthrope*, acte 1, sc. 1 :

> J'en veux voir le succès.

C'est le sens latin. (H.)
[111] Et non *en des parties*, comme imprime l'édition Hatzfeld,
qui explique cependant fort bien : « Entreprises formées par
plusieurs personnes. »
[112] Sans discernement. On dit encore l'âge de discrétion. (H.)
[113] Le texte du recueil Phelipeaux a une forme plus éner-
gique. Il est vrai qu'on l'a rencontrée un peu plus haut (p. 55)
dans le texte de l'édition Bretonneau : « Malheur à nous, si nous

De là vient un autre avantage, qui est comme une conséquence du premier. Car pour délibérer sagement, il faut prévenir les inquiétudes, beaucoup plus les repentirs et les désespoirs dont nos résolutions pourroient être suivies, puisque, comme dit saint Bernard, ce qui doit être le sujet d'un repentir ne peut être le conseil d'un homme sensé. Or, d'où peut venir un effet aussi avantageux que celui-là ? Qui peut nous mettre en état de dire, si nous voulons, à chaque moment : je prends un parti dont je ne me repentirai jamais ; ce que je fais, je me saurai éternellement bon gré de l'avoir fait : qui le peut, chrétiens ? L'usage fréquent de ce que j'appelle la science pratique de la mort. Pourquoi ? Excellente raison de saint Augustin : parce que la mort, dit ce saint docteur, étant le terme où aboutissent tous les desseins des hommes, c'est là même que naissent leurs repentirs les plus douloureux. Mais le secret de les prévenir, c'est de prévenir, autant qu'il est possible, le moment de la mort. Et comment ? En se demandant à soi-même : quel sentiment aurai-je, à la mort, de ce que j'entreprends aujourd'hui ? Ce que je vais faire me troublera-t-il alors ? me consolera-t-il ? me donnera-t-il de la confiance ? me causera-t-il des regrets ? l'approuverai-je ?

abandonnons tout cela au hasard ! » — Néanmoins, l'on peut dire que ce mouvement n'est qu'esquissé et, en somme, divisé entre deux endroits. Dans le manuscrit, il est comme concentré à la fin, plus serré peut-être et plus vigoureux dans sa forme archaïque : « Après cela, chrétiens, malheureux si nous ne réussissons pas dans les entreprises ! Malheureux si nous nous jetons mal à propos dans des engagements qui ne nous causent à la fin qu'un cuisant désespoir ! Malheureux, si nous contractons des alliances pleines d'amertumes et d'inquiétudes ! Malheureux, si nous nous jetons dans des intrigues mal concentrées ! Malheureux, si nous entrons dans des sociétés et si nous entrons dans des partis qui nous perdent, car si cela nous arrive, ne nous en prenons point à Dieu ou à notre foiblesse. Dieu y avoit pourvu ; il nous avoit donné le moyen de délibérer sûrement ; il nous avoit donné une règle infaillible dans la pensée de la mort pour fixer toutes les incertitudes de nos pensées et de nos délibérations. Que ne le faisions-nous ? »

le condamnerai-je ? Car, pour chacune de ces questions, nous avons dans nous-mêmes une réponse générale, mais décisive, sur laquelle nous pouvons faire fond ; et cette réponse, pour appliquer ici la parole du grand Apôtre, c'est la réponse de la mort; *Et ipsi in nobis responsum mortis habemus* [114]. Tandis que [115] nous raisonnons selon les principes de la vie, les réponses que nous nous donnons à nous-mêmes, nous entretiennent dans un dérèglement de conduite, qui fait que nous nous repentons maintenant de ce qui devroit nous consoler, et que nous nous applaudissons de ce qui devroit nous affliger ; mais la pensée de la mort, par une vertu toute contraire et que l'expérience nous fait sentir, redresse, si je puis ainsi parler, tous ces sentiments. Elle ne nous donne de joie que pour ce qui doit être le vrai sujet de notre joie et ce qui le sera toujours. Elle ne nous donne de douleur et de repentir, que pour ce qui doit être le vrai sujet de notre repentir et de notre douleur, et ce qui ne le sera plus à la mort, après l'avoir été dans la vie. En nous attachant à la vie, nous ne concevons que des repentirs passagers et variables, qui nous font aujourd'hui condamner ce que demain nous approuverons ; d'où vient que nos repentirs mêmes ne peuvent former en nous cette conduite uniforme qui est le caractère de la prudence chrétienne. Mais quand nous méditons la mort, nous la prévoyons, et en la prévoyant, nous prévenons des repentirs éternels, dont l'horreur toujours la même, non-seulement est suffisante, mais toute-puissante pour arrêter les saillies de notre esprit, et pour empêcher que la cupidité ne l'aveugle et qu'elle ne l'emporte [116]. Or c'est bien ici que

[114] Inexactement cité, comme il arrive fréquemment dans les copies, et comme on le voit aussi parfois dans l'édition, ce qui prouve que l'éditeur n'a pas toujours pris la peine de vérifier les textes. On lit (I *Cor.*, I, 9) : *Sed ipsi in nobis metipsis responsum mortis habuimus.* Cf. notes 83 et 101.

[115] Toujours au sens de *aussi longtemps que, Donec...* (V. plus haut, note 32).

[116] A. Feugère, dans sa pénétrante analyse des procédés de Bourdaloue, montre en y insistant trop peut-être, la longue

la prudence des justes triomphe de la témérité des impies.
Car enfin, mon frère, dirois-je avec saint Jérôme à un
libertin du siècle, quelque endurci que vous soyez dans
votre péché, quelque tranquille que vous affectiez de
paroître en le commettant, quelque force d'esprit que vous
marquiez lorsqu'il faut vous y résoudre, votre malheur
est de ne pouvoir faire un retour sur vous-même, sans
porter déjà contre vous-même ce triste arrêt : je vais faire
un pas qui me jettera dans le plus cruel désespoir, du
moins à la mort, et que je voudrois alors réparer par le
sacrifice de mille vies.

Je sais qu'autant qu'il est en vous, vous étouffez ce
sentiment ; mais je sais aussi qu'il n'est pas toujours en
votre pouvoir de vous en défaire. Je sais que cette réflexion
se présente à vous malgré vous, lors même que vous faites
plus d'efforts pour l'éloigner de vous ; je sais qu'elle vient
jusques au milieu de vos plaisirs, parmi les divertissements
et les joies du monde, dans les moments les plus heureux
en apparence, vous saisir, vous troubler ; et qu'au fond de
l'âme elle vous fait bien payer avec usure cette fausse

chaîne du sorite, construite et prolongée à plaisir : « Dialecticien
par l'ensemble du discours, Bourdaloue ne l'est pas moins
par le détail... On le voit parfois se complaire, s'attarder
même dans le raisonnement : il en allonge la chaîne, il en
multiplie les anneaux. Veut-il, dans le premier point du
sermon *sur la Pensée de la mort*, prouver l'efficacité de cette
pensée pour régler les passions ; il en recherche les princi-
paux caractères. Nos passions sont vaines, insatiables,
injustes : voilà trois divisions. Nos passions sont vaines
parce qu'elles ne nous attachent qu'en nous trompant ; pour
s'en détacher, il faut donc s'en détromper : la pensée de la
mort nous en détrompera. Est-ce tout ? Le raisonnement est-il
fini ? Non. Pourquoi la pensée de la mort nous en détrompe-t-
elle ? Parce que la pensée de la mort en général amène la
pensée de notre mort en particulier ; penser à la mort, c'est
donc mourir par anticipation, et comme à l'heure de notre
mort véritable, nous serons pleinement détrompés de nos
passions, penser à la mort, c'est s'en détromper par avance.
N'aperçoit-on pas ici le raisonneur étendant comme à plaisir
et compliquant son sorite ? » (*Bourdaloue, sa prédication et
son temps*, I éd., p. 97.)

tranquillité qui ne consiste que dans des dehors trompeurs.
Mais moi qui veux me garantir de ces alarmes et de ces
agitations secrètes, que fais-je? J'aime à m'occuper [117]
du souvenir de la mort, afin qu'un remords piquant et
importun ne l'excite pas dans moi contre moi. Je préviens
par la pensée tous les repentirs de la mort, et au lieu de les
réserver à cette dernière heure, je me les rends utiles pour
l'heure présente. J'en veux être touché maintenant, afin
qu'ils ne me désespèrent pas à la mort; c'est-à-dire, je veux
maintenant me remplir de cette idée, que je me repentirois,
afin de ne me repentir jamais. Je dis comme le Prophète
royal : *Circumdederunt me dolores mortis* [118], les
douleurs de la mort, ses regrets, ses désespoirs m'ont
investi, m'ont assiégé [119] de toutes parts ; et, bien loin
de m'en défendre, j'en fais mon bonheur et ma sûreté.
Car qu'y a-t-il de plus désirable pour moi, que d'avoir en
moi ce qui me répond de moi-même ; ce qui me sert à
régler toutes mes démarches, à mesurer tous mes pas, à
en découvrir les suites fâcheuses, et à les éviter? Avec cela
que puis-je craindre ? ou avec cela que ne puis-je pas
entreprendre ? Pensée de la mort, remède le plus souverain pour amortir le feu de nos passions, règle la plus
infaillible pour conclure sûrement dans nos délibérations ;
enfin, motif le plus efficace pour nous inspirer une sainte
ferveur dans nos actions. C'est la troisième partie. [120]

[117] Me laisser posséder (sens étymologique) (H). Est-ce aussi
sûr, et, de ce que, ailleurs (V. p. 42), le prédicateur a pris le
mot *occuper* dans sa signification latine, en faut-il conclure,
qu'il ne connaisse et n'emploie que celui-là? (Voyez, en effet,
p. 32, ligne 1.)

[118] *Ps.* XVII, 5.

[119] Il y a bien gradation ascendante. L'investissement
dit que la place est entourée, le siège, que les attaques sont
livrées.

[120] Il serait exagéré de parler de délayage à propos du
développement ferme et bien conduit que présente le texte
définitif. Toutefois à le mettre en regard le manuscrit, plus
rapide, sans être maigre, il faut reconnaître que le sermon
conservé par le copiste valait la peine d'être entendu. Saint
Jérôme n'est pas allégué pour l'apostrophe au libertin ;
n'en prend-elle pas quelque chose de plus direct ? A coup

TROISIÈME PARTIE

C'est de la ferveur de nos actions que dépend la sainteté
de notre vie ; et c'est la sainteté de notre vie, qui doit
rendre devant Dieu notre mort précieuse. Voilà, dit saint
Chysostome, l'ordre naturel que Dieu à établi pour ses
élus, et dont on peut dire que sa providence ne peut pas
même nous dispenser. Ce qui déconcerte, ou plutôt ce qui
renverse ce bel ordre, c'est un fond de lâcheté et de tiédeur ;
tiédeur si hautement réprouvée de Dieu dans l'Écriture,
tiédeur qui corrompt nos meilleures actions, je dis celles
à quoi la religion et le christianisme nous engage par
devoir ; en sorte que, toutes bonnes qu'elles sont en elles-
mêmes, notre vie, bien loin d'être sanctifiée, n'en devient
souvent que plus imparfaite, et même que plus criminelle,
et se termine enfin à une mort qui nous doit faire trembler,

sûr, la copie supporte la comparaison avec l'édition :
« Mais ce n'est pas tout. Pour bien délibérer, non seulement
il se faut fixer à quelque fin, mais il faut aussi prévenir les
inquiétudes et les remords et les désespoirs qui peuvent
arriver si nous délibérons mal à propos, ou si nous nous
égarons en ne prenant pas la véritable fin. Car, comme dit
saint Bernard, heureux un homme qui, non seulement prend
une fin et s'y attache, mais aussi qui peut dire : Je vais
prendre un parti dont je ne me repentirai jamais. Or, qui peut
donner cet avantage, chrétiens ? C'est la science pratique de
la mort. Pourquoi ? Excellente raison de saint Augustin, qu'il
prend des sentiments de saint Paul. C'est, dit ce grand docteur,
c'est que, par ce moyen, nous avons un remède contre tout ce
qui nous pourroit inquiéter, une réponse contre tout ce qui
nous pourroit objecter, un moyen assuré de faire tout ce que
la science nous pourroit dire ; et ce moyen, et ce remède, et
cette réponse, c'est la réponse de la mort ; *responsum mortis
habemus.* Parce que la pensée de la mort ne nous inspire de
repentir que dans ce que l'on mérite, et c'est en ceci, chrétiens,
que la prudence des justes nous paroît admirable. Car enfin,
mes frères, quelque libertins que vous soyez, ou quelque force
d'esprit que vous fassiez paroître dans votre libertinage et
votre impiété, votre misère et votre douleur est que vous
voyez que vous vous repentirez un jour de ce que vous faites,
et cette cruelle pensée : je vais faire une chose, ou j'ai fait une

si l'on en juge dans les vues de Dieu[121] et par l'extrême rigueur de sa souveraine justice.

Il s'agit, chrétiens, de combattre cette lâcheté, qui, sans autre désordre qu'elle même, est seule capable de nous perdre; il s'agit de la surmonter; et c'est ce que le Fils de Dieu a voulu particulièrement nous apprendre, et à quoi, si nous y prenons bien garde, il a, ce semble, réduit tout son Évangile. Car, qu'est venu faire sur la terre ce Dieu Sauveur? Il est venu répandre dans les cœurs des hommes le feu de la charité et le zèle des bonnes œuvres : *Ignem veni mittere in terram*[122]. Telle est la fin de sa mission. Or, de tous les motifs qu'il pouvoit nous proposer, et qu'il nous a en effet proposés, pour exciter cette ferveur et pour allumer ce feu céleste, les deux plus puissants sont sans doute la proximité de la mort et l'incertitude de la mort : proximité de la mort, qu'il s'est efforcé, pour ainsi dire, de

chose dont je me repentirai dans toute l'éternité, vous occupant sans cesse, avouez-le, mon frère, que cette seule inquiétude vous cause plus de douleur, à proportion, que votre impiété ne vous a jamais causé de plaisir. Ainsi vous voudriez bien effacer ce remords, vous voudriez bien l'étouffer, mais vous avez beau faire, vous avez beau crier qu'il s'efface, il reviendra toujours, à moins que vous ne vous serviez d'un moyen qui est l'unique pour ce sujet. Mais quel est ce moyen, me direz-vous? C'est de le prévenir, ce remords, c'est de se représenter, comme David, ces douleurs, ces remords, ces inquiétudes, ces désespoirs qu'on aura à la mort, *Dolores inferni circumdederunt me*, de suivre en même temps leurs conseils, et vous verrez d'abord que, quoique leur pensée donne quelque peine, dans la suite elle donnera un repos assuré à vos inquiétudes, et une règle assurée pour vos incertitudes, parce que c'est la règle la plus sûre pour fixer vos délibérations. Ajoutez à cela que le souvenir de la mort est encore le motif pour exciter et pour entretenir chez nous une ferveur pour l'observance des lois de Dieu, et j'aurai achevé de vous faire voir les utilités et les avantages de ce souvenir. Ce sera pour ma troisième partie. »

[121] On dirait aujourd'hui : selon la manière de voir, de juger, qui est celle de Dieu. C'est en ce sens qu'on lit dans Isaïe faisant parler Dieu : *Non enim cogitationes meae, cogitationes vestrae : neque viae vestrae, viae meae, dicit Dominus.* (*Is.*, IV, 8).

[122] *Luc.*, XII, 49.

nous faire sentir, comme l'aiguillon le plus vif et le plus capable de nous piquer; incertitude de la mort, qu'il nous a tant de fois représentée comme le sujet de notre vigilance et d'une continuelle attention. Deux motifs où ce divin Maître a rapporté toutes ses adorable instructions, et où nous trouvons de quoi réveiller toute notre ardeur, et de quoi nous animer à faire tout le bien que sa grâce nous inspire.

Oui, chrétiens, il faut travailler et travailler avec cette ferveur d'esprit qui doit être l'âme de toutes nos actions, parce que nous approchons de notre terme : premier motif qui confond notre lâcheté. Marchez, disoit le Sauveur du monde, tandis que la lumière vous éclaire ; pourquoi ? Parce que la nuit vient où personne ne peut plus agir [123]. Veillez : pourquoi? Parce que le Fils de l'homme, que vous attendez, est déjà à la porte [124]. Négociez, et faites profiter les talents que vous avez en main : pourquoi ? Parce que le maître qui vous les a confiés, est sur le point de revenir et de vous en demander compte [125]. Tenez

[123] Cf. *Io.*, XII, 35. *Ambulate dum lucem habetis, ut non vos tenebrae comprehendant : et qui ambulat in tenebris nescit quo vadat.* Voir aussi IX, 4. *Me oportet operari opera eius qui misit me, donec dies est : venit nox quando nemo potest operari.* Il y a donc allusion à ces deux passages.

[124] Cf. *Mat.*, XXIV, 33. *Ita et vos, cum videritis haec omnia, scitote quia prope est in ianuis.* Ces paroles sont dites aux apôtres par le Sauveur, qui vient de raconter le dernier avènement du Fils de l'homme, et d'employer la comparaison du figuier dont les jeunes pousses attestent le printemps.

[125] *Luc.*, XIX, 13. *Negotiamini dum venio.* Le texte est explicitement cité dans le passage parallèle du manuscrit, à rapporter ici pour prouver à quel point, dans la variété de la forme, Bourdaloue s'en tenait à la trame bien sue de son discours. Or cette multiplicité d'exemples et d'arguments à retenir offrait matière à un travail de mémoire assez pénible, même si, comme il semble ressortir de tant de doublets divergents des mêmes sermons, le prédicateur ne récitait pas un texte immuable. On lit dans le ms. P. : « En effet, chrétiens, il faut travailler pour Dieu, mais il faut travailler avec toute la ferveur de notre esprit et de nos cœurs. Pourquoi ? Parce que nous approchons de notre terme et voilà le

vos lampes allumées : pourquoi ? Parce que voici l'Époux
qui arrive [126]. Hâtez-vous de porter des fruits [127] : pourquoi ? Parce que c'est bientôt le temps de la récolte.
Que vouloit-il nous faire entendre par là ? Ah ! chrétiens,
ces paraboles, toutes mystérieuses qu'elles sont, s'expli-
quent assez d'elles-mêmes, et nous font connoître malgré
nous notre folie, lorsque, nous proposant la mort dans un
éloignement imaginaire, quoique, selon le terme de l'Écriture, il n'y ait qu'un point entre elle et nous [128], nous
croyons avoir droit de nous relâcher dans la pratique de
nos devoirs. Car tel est notre aveuglement, et voilà l'erreur
dont Jésus-Christ nous veut détromper. Cette marche qu'il
nous ordonne n'est rien autre chose que l'avancement
et le progrès dans le chemin du salut, *Ambulate* [129] ;
cette veille, que l'attention sur nous-mêmes, *Vigilate* [130] ;
ce négoce, que le bon usage de temps, *Negotiamini* [131] ;

premier motif. Et tout l'évangile est plein de paraboles dont
le divin Maître s'est servi pour nous expliquer sa pensée sur
ce sujet. *Negotiamini*, dit-il dans le XIXe chapitre de saint Luc,
sous la figure d'un père de famille. Travaillez, trafiquez, et
faites profiter votre talent avec soin. Pourquoi ? Parce que,
semblable à ce père de famille, mon retour sera bientôt.
Negotiamini dum venio. Tenez vos lampes ardentes, dit-il
dans un autre endroit, et soyez toujours préparés. *Estote
parati ;* parce que l'époux vient incessamment. *Ecce sponsus
venit.* Préparez-vous, ajoute-t-il, avec diligence, et fructifiez
en abondance parce que le temps de la récolte viendra bientôt
et que si vous êtes trouvé comme un arbre sec et inutile,
vous serez coupé et jeté au feu. »

[126] *Ecce sponsus venit. Mat.*, XXV, 6. Il y a sans doute
aussi réminiscence du répons de l'office du commun des
vierges : *Prudentes virgines, aptate vestras lampades : ecce
sponsus venit.*

[127] Allusion lointaine aux textes : *ego elegi vos, et posui
vos ut eatis, et fructum afferatis ; et fructus vester maneat. Io.*,
XV, 16 et à la parabole du figuier, *Luc.*, XIII, 6-9.

[128] Allusion aux paroles de David à Jonathas : *Quia uno
tantum ut ita dicam, gradu ego morsque dividimur. I Reg.*, XX, 3.

[129] *Io.*, XII, 35.

[130] *Mat.*, XXV, 13. *Vigilitate itaque quia nescitis diem neque
horam.*

[131] *Luc.*, XIX, 13.

ces lampes allumées, que l'édification d'une vie exemplaire, *Luceat lux vestra coram hominibus* [132]; ces fruits, que les œuvres de pénitence et de sanctification, *Facite fructus dignos paenitentiae* [133]; et ce jour de la récolte, ce retour du maître, cette arrivée de l'époux, cette nuit qui vient, n'étoient, dans le langage ordinaire du Fils de Dieu que les symboles, mais les symboles naturels d'une mort prochaine; comme si Jésus-Christ nous eût déclaré que sa sagesse, toute infinie qu'elle est, ne lui fournissoit rien de plus propre à nous embraser d'un saint zèle, et à nous retirer d'une vie tiède et languissante, que la proximité de la mort.

En effet, chrétiens, quand nous aurions à vivre des siècles entiers, et que Dieu, par une conduite ou de sévérité ou de bonté, nous laisseroit sur la terre aussi long-tems que ces premiers patriarches [134] fondateurs du monde, nous aurions encore mille raisons de nous reprocher nos relâchements. Quelque éloignée que fût la mort, chacune de nos actions se rapportant toujours à l'éternité, étant toujours la matière du jugement de Dieu, pouvant toujours nous mériter une gloire immortelle, il seroit toujours juste qu'elle fût faite d'une manière digne de Dieu, puisque Dieu doit toujours être servi en Dieu; il seroit toujours juste qu'elle fût faite d'une manière digne de la récompense que nous attendons de Dieu ; et malheur à nous, si nous abusions alors même d'un temps si cher, et si nous faisions, comme parle l'Ecriture, l'œuvre du

---

[132] *Mat.*, V, 16.

[133] *Luc.*, III, 8. *Facite ergo fructus...*

[134] Bossuet, *Hist. Univ.*, II, 2 : « (Abraham) naquit environ 350 ans après le déluge, dans un temps où la vie humaine, quoique réduite à des bornes plus étroites, était encore très longue » (H.) (éd. Lebel, t. XXXV, p. 179). « La vie humaine, écrit-il encore, qui se poussoit jusques à près de mille ans, se diminua peu à peu » *(ibid.*, c. I, p. 173), et au premier livre, deuxième époque, on lit : « Près du déluge se rangent le décroissement de la vie humaine ; le changement dans le vivre... » *(ibid.*, p. 13).

Seigneur négligemment [135] ! Mais, être à la veille de
paroître devant Dieu, et demeurer tranquille dans une vie
négligente ; toucher de près au terme où l'on ne peut plus
rien faire, et ne pas redoubler ses soins par une vie plus
agissante ; avoir déjà la mort à ses côtés, mourir comme
l'Apôtre, à chaque moment, *Quotidie morior* [136], et ne
s'empresser pas d'arriver à la sainteté par la voie courte
et abrégée d'une vie fervente ; il n'y a, mes chers auditeurs, ou qu'une stupidité grossière [137], ou qu'une
infidélité consommée, au moins commencée, qui puisse
aller jusque-là [138]. C'est néanmoins notre état, et l'état
le plus déplorable. Ah ! chrétiens, Jésus-Christ nous dit

[135] *Ier.*, XLVIII, 10. *Maledictus qui facit opus Domini frau-
dulenter.*

[136] I *Cor.*, XV, 31. Cf. Sénèque, *Ep. a Lucilius*, 24 : « *Quotidie
morimur, quotidie enim demitur aliqua pars vitae, et tunc
quoque cum crescimus, vita decrescit.* » Chaque jour nous mou-
rons ; chaque jour, en effet, nous est enlevée une parcelle de
vie, et alors même que nous croissons, notre vie décroît. (H.)

[137] Cf. Pascal, IX, 2 : « Ce repos dans cette ignorance est
une chose monstrueuse et dont il faut faire sentir l'extravagance et la stupidité à ceux qui y passent leur vie, en la leur
représentant à eux-mêmes, pour les confondre par la vue de
leur folie. » (H.)

[138] Il est bon de lire ici le passage correspondant du recueil
Phelipeaux, où la rédaction de l'éditeur se reconnaît, mais
qui n'en est que le très court abrégé : « Or, que veulent dire
toutes ces paroles, sinon qu'il faut exciter en nous notre ferveur à cause de la proximité de la mort? Car, comme ce
négoce, ces lampes, ces fruits, sont des représentations et
des peintures de notre vie, aussi ce père de la famille, ce
temps de la récolte, cette arrivée de l'époux, sont des symboles naturels de la mort. Et, en effet, chrétiens, quand nous
aurions à vivre des siècles tout entiers comme les patriarches,
quand le temps de notre mort ne seroit pas si proche, il y
faudroit enfin venir un jour. Et que nous serviroit pour lors
cette longue suite d'années, sinon d'accroître nos obligations
et de rendre notre compte d'autant plus difficile qu'il sera
long et embarrassé? Mais être, comme nous sommes peut-être,
à la veille de notre mort, la toucher, pour ainsi dire, déjà du
bout du doigt et paroître cependant insensibles et ne pas travailler avec ferveur à mettre ordre à la grande affaire de son
salut, non, il n'y a que notre infidélité ou notre stupidité qui
puisse causer cela dans nous. »

en termes exprès : *Ecce venio cito;* me voici, j'arrive [139] ;
merces mea mecum est; j'ai ma récompense avec moi,
pour donner à chacun selon ses œuvres. Pesez bien ces
paroles. Il ne dit pas : je viendrai, ni : je me dispose à venir ;
mais il dit : je viens, *Ecce venio ;* et je viens bientôt,
Ecce venio cito. Hâtez-vous donc, conclut le Seigneur, en
s'adressant à une âme paresseuse et lente ; chargez-vous
de dépouilles ; faites-vous un riche butin de tant d'actions
vertueuses que vous omettez, que vous négligez, et dont
vous perdez le mérite : *Accelera spolia detrahere, festina
praedari* [140]. Dieu, dis-je, dans l'un et dans l'autre Testament, par lui-même, par ses prophètes, par ses prêtres,
nous parle de la sorte, nous presse de la sorte ; et, toujours
insensibles aux avertissements qu'il vous donne et qu'il
vous fait donner, vous demeurez dans le même assoupissement et dans la même langueur [141]. Pourquoi ?
parce que vous n'avez jamais bien considéré la brièveté
de votre vie.

Car enfin, si vous et moi, mes frères, nous étions bien
convaincus qu'il ne nous reste plus que fort peu de jours ;
si nous nous disions souvent avec saint Paul, mais en
sorte que nous fussions bien remplis de cette pensée :
*Ego enim iam delibor, et tempus resolutionis meae
instat* [142] ; je suis comme une victime qui va être immolée,
et qui a reçu l'aspersion pour le sacrifice [143] ; le temps

[139] *Apoc.,* XXII, 12. *Ecce venio cito et merces...*

[140] *Is.,* VIII, 3.

[141] Cf. Pascal, IX, 1. « C'est une chose monstrueuse de
voir dans un même cœur et en même temps cette sensibilité
pour les moindres choses et cette étrange insensibilité pour
les plus grandes. C'est un enchantement incompréhensible,
et un assoupissement surnaturel, qui marque une cause
toute puissante qui le cause. » (H.)

[142] Il *Tim.,* IV, 6.

[143] Sans prétendre défendre la manière de parler de
Bourdaloue, qui n'est pas peut-être des plus exactes, il faut
avouer que la note de l'édition Hatzfeld n'est pas décisive
contre cette phrase : « Ce n'était pas, lit-on p. 148, sur la
victime qu'avait lieu l'aspersion : cf. Levitique IV. « Il trem-

de ma dernière dissolution approche, [144] et il me semble
que j'y suis déjà ; si, par le ministère d'un ange, Dieu
nous annonçoit que ce sera pour demain, que ferions-nous ?
ou plutôt, que ne ferions-nous pas ? Cette seule idée que
je vous propose, et qui n'est après tout qu'une supposition,
toute pure supposition qu'elle est, a néanmoins, au
moment que je vous parle, je ne sais quoi qui nous touche,
qui nous frappe, qui nous anime. Nous ferions tout, et, en
faisant tout, nous gémirions encore d'en faire trop peu.
Bien loin de nous ralentir, nous nous porterions à des
excès qu'il faudroit modérer. Ni divertissement, ni
plaisir, ni jeu qui nous dissipât ; ni spectacle, ni compagnie, ni assemblée qui nous attirât ; ni espérance, ni
intérêt qui nous engageât ; ni passion, ni liaison, ni
attachement qui nous arrêtât. Tout recueillis et comme
tout abîmés dans nous-mêmes, ou pour mieux dire, tout
recueillis et comme tout abîmés en Dieu, morts au monde
et à tous ses biens, à toutes les vanités, à tous les amuse-
ments du monde, nous n'aurions plus de pensées que
pour Dieu, plus de désirs que pour Dieu, plus de vie que
pour Dieu : pas un moment qui ne lui fût consacré ; pas

pera son doigt dans le sang, il en fera par sept fois l'aspersion
en présence du Seigneur sur le voile du sanctuaire. » —
Voilà Bourdaloue bien réfuté ! Comme si le sacrifice décrit au
verset 6 du chapitre cité était l'unique sacrifice en usage,
comme si par exemple au chapitre XIV, un des deux passe-
reaux étant immolé, il n'était pas prescrit d'arroser l'autre
de son sang, etc. C'est supposer surtout, et gratuitement, que
l'orateur prétend parler des rites de l'Ancien Testament et
des sacrifices de la loi de Moïse, alors qu'il s'agit apparem-
ment, comme dans l'épître de saint Paul, de l'eau lustrale
dont la victime est arrosée avec l'assistance, dans les sacrifices païens, qu'il se figure du reste avec peu de précision. En
somme le verbe *delibor* qui amène la métaphore incriminée
signifie proprement verser comme une libation. *Delibor*, dit
saint Paul, c'est-à-dire, je commence à mourir, à périr comme
l'offrande de vin sacré que verse le prêtre des faux dieux.

[144] La dissolution dont il est parlé dans Bourdaloue et
dans saint Paul n'est pas, comme annote à tort M. Hatzfeld, la
« décomposition du corps », mais la mort simplement, qui
délie les liens du corps et de l'âme.

une action qui ne fût sanctifiée par le mérite de la plus
pure et de la plus fervente charité. Et comme il arrive
qu'un élément, à mesure qu'il retourne vers son centre,
s'y porte avec un mouvement plus rapide : ainsi, plus nous
avancerions vers notre terme, plus nous sentirions croître
notre activité et notre zèle. C'est le miracle visible que la
présence de la mort opéreroit. Or pourquoi ne l'opère-t-elle
pas dès maintenant ? Jésus-Christ ne s'est-il pas expliqué
en des termes assez précis ; et la parole d'un Dieu a-t-elle
moins d'efficace que la parole d'un ange ? [145]

Voulez-vous savoir, chrétiens, comment parle, et surtout comment agit un homme qui envisage la mort de près,

[145] Le texte du manuscrit Phelipeaux est plus court, et à
mon avis, plus vif que le développement de l'édition. La
supposition de l'orateur chargée d'annoncer la mort prochaine
de son auditeur, sans avoir l'effet du fameux passage de
Massillon dans son sermon *sur le petit nombre des élus,* ne
paraît pas avoir gagné au développement de l'imprimé. Tout
le paragraphe qui suit la phrase : *Bien loin de nous ralentir,*
qu'il soit de Bourdaloue lui-même se revisant, ou de Bretonneau son éditeur, ne serait-t-il pas appelé languissant par de
fervents admirateurs de Bourdaloue, s'ils savaient ou soup-
çonnaient qu'il fût le résultat du travail d'amplification de
Bretonneau ? Nous n'avons aucune raison pour ou contre ;
mais il est certain que la copie, qui n'a point ces développements, ne manque pas de vigueur : « Jésus-Christ dit encore
ailleurs : *Ecce venio cito.* Sur quoi vous remarquerez, avec le
grand saint Augustin, qu'il ne dit pas : *ecce veniam ;* je viendrai, mais : *ecce venio,* je viens actuellement. D'où il conclut
par ces paroles : *accelera, festina.* Travaillez donc, hâtez-vous,
que rien ne vous arrête. Cependant un malheureux assoupissement s'empare de nos cœurs, et nous ne songeons point à
travailler. Cela n'est-il pas pitoyable ? Je suis comme une
victime déjà attachée sur l'autel, prête à être égorgée, et
néanmoins, je ne me remue point. Ne faut-il pas être stupide ?
Si l'on vous faisoit connoître que le temps déterminé pour la
fin de votre vie, c'est la journée de demain, et si Dieu, me
l'ayant révélé, il vouloit que je vous en annonçasse aujour-
d'hui la nouvelle, que ne feriez-vous pas ? Vous feriez tout,
et, en faisant tout, vous ne croiriez jamais en faire assez. Bien
loin d'exciter votre ferveur, il seroit plutôt besoin d'en arrêter
les mouvements et les impétuosités. Or, pourquoi ne le faites-
vous pas dès maintenant, puisque peut-être n'avez-vous pas
le temps que vous vous promettez jusques à demain ? »

et qui en fait le sujet de ses réflexions ? Ecoutez le saint roi Ezéchias [146], et formez-vous sur cet exemple. J'ai dit, s'écrioit-il profondément humilié devant Dieu ; j'ai dit au milieu de ma course : je m'en vas aux portes de l'enfer, c'est-à-dire, selon le langage du Saint Esprit, aux portes de la mort ; *Ego dixi in dimidio dierum meorum : vadam ad portas inferi :* j'ai supputé le nombre de mes années : *Quaesivi residuum annorum meorum,* et j'ai reconnu que je devois dans peu quitter cette demeure terrestre, pour être transféré ailleurs, comme l'on transporte la tente d'un berger d'un champ à un autre : *Generatio mea ablata est a me, quasi tabernaculum pastorum ;* que, par une destinée à laquelle je suis forcé de me soumettre, le fil de mes jours alloit être coupé comme une toile à demi tissue : *Praecisa est velut a texente vita mea ;* que du matin au soir ce seroit fait de moi, et que mon arrêt ayant été prononcé dans le conseil de Dieu, l'exécution n'en pouvoit plus être longtemps retardée : *De mane usque ad vesperam finies me.* Or, ces principes ainsi établis (car c'étoit là en effet, remarque saint Ambroise, comme autant de principes qu'il posoit), [147] quelles con-

---

[146] Ezéchias, roi de Juda (723-694 a. J.-C.), fils et successeur d'Achaz, délivré d'une maladie mortelle, et recevant par Isaïe l'assurance de sa guérison et d'une prolongation de quinze années de vie, composa le cantique, rapporté dans Isaïe, sous ce titre : *Scriptura Ezechiae, regis Iuda, cum aegrotasset et convaluisset de infirmitate sua. Ego dixi,* etc. J.-B. Rousseau en a fait la traduction (Ode X tirée du cantique d'Ezéchias, pour une personne convalescente.

J'ai vu mes tristes journées
Décliner vers leur penchant
Au midi de mes années...

Œuvres, Paris, Lefèvre, 1820, t. I, p. 39.)

[147] C'est l'allure donnée, très sciemment et volontairement, on le voit, à ce commentaire du cantique, qui a inspiré à M. A. de Tréverret, dans son étude *Du panégyrique des saints au XVIIe siècle,* cette page assez rigoureuse : « Cet homme (Bourdaloue) est si bien fait pour démontrer qu'il voit dans les parties les plus poétiques des Saintes Écritures une suite de raisonnements et de démonstrations. Qui de nous ne se sent attendri en lisant les plaintes si douloureuses

séquences en tiroit-il ? quelles conclusions pratiques pour
la réformation de la vie ? Elles sont admirables et je ne
puis vous donner un plus beau modèle. Ah ! Seigneur,
poursuivoit le saint roi, c'est donc pour cela que je pous-
serai sans cesse des cris vers vous, comme le petit d'une
hirondelle qui demande la pâture : *Sicut pullus hirundinis, sic clamabo :* voilà la ferveur de sa prière. C'est pour
cela que je gémirai comme la colombe, et que je m'appli-
querai jour et nuit à méditer la profondeur de vos
jugements : *Meditabor ut columba :* voilà la ferveur de sa
méditation. C'est pour cela que mes yeux se sont affoiblis
à force de regarder en haut, d'où j'attendois tout mon
secours et où je cherchois mon unique bien : *Attenuati
sunt oculi mei suspicientes in excelsum :* voilà la ferveur
de sa confiance. C'est pour cela que je résiste aux plus
violentes tentations qui m'attaquent, et que, pour n'y pas
succomber, instruit que je suis de la force de votre grâce,
je vous prie de combattre et de répondre pour moi : *Domine
vim patior, responde pro me :* voilà la ferveur de sa foi.
C'est pour cela que je repasserai devant vous toutes les
années de ma vie dans l'amertume de mon âme : *Recogitabo
tibi annos meos in amaritudine animae meae :* voilà
la ferveur de sa pénitence. Car, je sais, ô mon Dieu,
ajoutoit-il, que ce n'est ni l'enfer, ni la mort qui célèbrent
vos louanges : *Quia non infernus confitebitur tibi, neque*

du roi Ezéchias, arrêté par la mort au milieu même de sa
course ? Jamais un homme pieux, mais enlevé tout à coup
aux délices de ce monde, n'a exprimé plus vivement sa tristesse, ses regrets, sa stupeur à l'apparition imprévue de la
mort. Mais aux yeux de Bourdaloue, Ezéchias n'épanche pas
son cœur ; il raisonne, il pose des principes, il conclut : et
dans le troisième point du premier sermon sur les Cendres,
le prédicateur divise en quatre parties ces conclusions pratiques du monarque juif. » (Tréverret, p. 97) On comprend l'impatience du critique ; mais on verra par la citation de ce
passage dans le manuscrit (note 148) que les retouches ont
accentué encore cet appareil de raisonnement que Bourdaloue, après tout, devait mettre, étant donné l'emploi qu'il
faisait de cette paraphrase. Supposé son dessein et le sujet
auquel il l'applique, elle n'a rien que de très naturel.

mors laudabit te ; c'est-à-dire, selon l'explication de saint Jérôme, je sais que ce ne sont pas les mourants qui vous glorifient, ni qui sont en état de vous glorifier par leurs œuvres ; et qui donc ? Ceux qui vivent, Seigneur, mais qui vivent aussi persuadés que moi qu'ils doivent bientôt mourir ; mais qui vivent déterminés, comme moi, à faire de cette persuasion la règle de toutes leurs actions : *Vivens, vivens, ipse confitebitur tibi, sicut et ego hodie.*

Ainsi parloit ce religieux monarque [148] ; et de là, chré-

[148] Voici le pendant de ce commentaire d'Isaïe, XXXVIII, 10-19, tiré du ms. P. : « Voilà ce que disoit et pratiquoit autrefois un grand roi ; au milieu de mes armées, au milieu de ma bonne fortune, au milieu de ma cour, de mon âge et de toutes les dignités qui m'environnent, voyant qu'il n'y a rien de si volage, de si passager ni de si fugitif que ma vie, j'ai voulu la prévenir et travailler de bonne heure à l'affaire de mon salut. *Ego dixi in dimidio dierum meorum ;* et afin de m'y exciter davantage, je suis allé aux portes de l'enfer, c'est-à-dire, selon la belle pensée de saint Chrysostome : J'ai considéré et examiné ma mort ; *vadam ad portas inferi.* J'ai examiné le reste et le peu qui me restoit de ma vie : *quaesivi residuum annorum meorum.* J'ai vu que, passé un certain terme préfix et déterminé dans les décrets éternels de mon Dieu, il n'y auroit plus moyen de travailler, parce que je ne serais plus. J'ai vu que ce terme étoit fort proche et que ma vie s'écouloit de moi insensiblement et qu'il n'y avoit point de moment qu'il n'enlevât de moi une partie : *generatio mea ablata est a me, et convoluta est tanquam tabernaculum pastorum.* J'ai vu que le ciseau étoit tout prêt pour couper le fil de ma vie : *praecisa est a texente vita mea,* et qu'à peine aurois-je peut-être commencé d'y penser que cela arriveroit, *dum ergo ordirer succidit me,* et qu'enfin au plus je n'aurois que l'espace d'un jour à attendre : *de mane usque ad vesperam finies me.* Voilà, dit saint Ambroise, les principes que ce grand roi posoit et tâchoit de confirmer à soi-même. Mais en voici les conséquences qu'il tire pour la perfection de la vie. Donc il dit : il faut que je travaille soigneusement pendant le peu qu'il me reste de ma vie, mais que je travaille avec ferveur, afin de récompenser le temps perdu. C'est pour cela que je serai comme une colombe par ma simplicité et ma méditation continuelle ; c'est pour cela que j'imiterai le cri d'une hiron- delle par mes gémissements, *sicut pullus hirundinis sic clamabo : meditabor ut columba.* C'est pour cela que j'aurai toujours les yeux attachés sur vous, Seigneur, comme sur l'unique objet de mes désirs et de mes espérances : *attenuati*

tiens, nous apprenons cette méthode si solide, si connue des saints, si peu pratiquée parmi nous, mais si praticable [149] néanmoins, et d'où dépend la sanctification de notre vie; savoir, de faire toutes nos actions comme si chacune étoit la dernière et devoit être suivie de la mort. Prier comme je prierois à la mort; examiner ma conscience comme je l'examinerois à la mort; pleurer mon péché comme je le pleurerois à la mort; le confesser comme je le confesserois à la mort; recevoir le sacrement de Jésus-Christ comme je le recevrois à la mort : voilà de quoi corriger toutes nos tiédeurs et toutes nos lâchetés, de quoi vivifier toutes nos œuvres par le souvenir même de la mort et de sa proximité [150].

sunt oculi mei, suspicientes in excelsum; voilà la ferveur de son amour et de son espérance. C'est pour cela que je résisterai à toutes les attaques du démon et à toutes les tentations, parce que je sais que vous me soutiendrez dans toutes les occasions et que vous répondrez pour moi. *Domine, vim patior, responde pro me;* voilà la ferveur de sa foi. C'est pour cela que je songerai aux désordres de ma vie passée dans toute l'amertume de mon cœur : *recogitabo tibi omnes annos meos in amaritudine animae meae;* voilà la ferveur de sa contrition et de sa pénitence. Et tout cela fondé sur la pensée de la mort et de sa proximité : *quia non infernius confitebitur tibi, neque mors laudabit te.* Parce que je suis convaincu que lorsque je serai, une fois mort, il n'y aura plus moyen de travailler. Et en effet, *non expectabunt qui descendunt in lacum, veritatem tuam.* Attend-on à équiper un vaisseau lorsqu'il est en pleine mer? Attend-on à fortifier une ville lorsque l'ennemi est aux portes? Attend-on à meubler une maison, lorsque le maître est près d'y venir loger? Non, non, mon Dieu, il n'y a que les vivants, qui sont dans la résolution où je suis, qui soient capables de travailler avec fruit ou de se préparer avec ferveur à ce grand et à ce terrible jour de la mort. *Vivens, vivens ipse confitebitur, sicut et ego hodie.* »

[149] *Praticable* a ici le sens, non de simplement possible, mais de *avantageux à pratiquer.* Une idée de souhait se trouve renfermé dans ce mot, qui a toute la force que l'étymologie donne de soi, aux adjectifs latins en *bilis.* Il signifie : « qu'il serait si utile de mettre en pratique. »

[150] Tout le reste du sermon est, comme on verra (note 153), à peine représenté dans le manuscrit Phelipeaux. Toutefois on y trouve, du moins touchée, l'objection tirée de l'incertitude de la mort, et le prédicateur en tire parti, comme dans le texte de

Mais il m'est incertain si la mort est proche ou si elle est encore éloignée de moi. Je le veux, mon cher auditeur ; que concluez-vous de là ? Parce qu'il est incertain quand et à quel jour vous mourrez, en devez-vous être moins actif, moins vigilant, moins fervent dans l'observation de vos devoirs ? Et cette incertitude, qui peut-être vous sert de prétexte pour justifier vos négligences, n'est-elle pas au

l'édition, pour renforcer son argument. « Appliquez-vous donc, mes frères, toutes ces paroles du prophète qui me paroissent toutes admirables, et qui, étant conçues, pourroient être d'une admirable édification pour vos âmes. Travaillez maintenant avec la même ferveur que vous travailleriez si vous deviez mourir dès demain. Examinez votre conscience comme vous feriez, confessez-vous avec la même exactitude et la même fidélité que vous feriez, excitez-vous à une aussi amère contrition que vous feriez. Ah ! mes chers auditeurs, si nous entrions bien dans cette grande pratique, que de changements on verroit dans notre vie et dans toutes nos manières ! Car enfin, si je devois mourir demain, porterois-je tant de tiédeur à la communion ? Serois-je si négligent à restituer le bien ? Demeurois-je dans cette habitude ? Ne ferois-je pas mon possible pour déraciner ce vice ? Il ne tient donc qu'à moi. » — Mais il est des textes où « la pratique de faire toutes nos actions comme si elles étaient les dernières » est la conclusion même du discours. Ainsi le manuscrit d'Abbeville, sermon *sur la Préparation à la mort* (V. sa conclusion, assez brusque du reste). Ainsi encore, un doublet inédit de ce sermon *sur la Mort*, appartenant au manuscrit Joursanvault et dont voici les dernières phrases : « Enfin, il faut encore, pour perfectionner nos actions, les réduire au même caractère et les appliquer à la même règle, c'est-à-dire, faire une revue continuelle sur toutes les actions de la vie, comme si c'étoient les dernières. Il faut que je regarde cette confession comme si c'étoit la dernière confession de ma vie, cette aumône et cet exercice de piété, comme si ce devoit être la dernière action de ma vie. Ah ! chrétiens, avec quelle circonspection ne feriez-vous pas toutes vos actions si vous les mesuriez de la sorte ! C'est ainsi qu'il faut mesurer son zèle sur la grande règle de la mort pour se corriger et se perfectionner. Si l'on vous disoit : voilà la dernière action de votre vie, avec quelle ferveur ne la feriez-vous pas ? Apprenez de là votre devoir. C'est ce que je vous laisse à examiner, afin que l'ayant sérieusement examiné, vous tâchiez de vous conserver en grâce et de vous rendre dignes de la gloire que je vous souhaite. *Amen.* »

contraire une nouvelle raison pour les condamner? Car pourquoi le Sauveur du monde nous ordonne-t-il de veiller? Ce n'est pas seulement parce que la mort est prochaine, mais parce qu'elle est incertaine, c'est-à-dire parce que nous n'en savons ni le jour ni l'heure : *Quia nescitis diem, neque horam* [151]. Ah! chrétiens, Jésus-Christ sans doute auroit bien mal raisonné, si l'incertitude de la mort autorisoit en aucune sorte nos lâchetés et nos tiédeurs. Mais c'est ici que saint Augustin a admiré la sagesse de Dieu, qui nous a caché le jour de notre mort, pour nous faire employer utilement et saintement tous les jours de notre vie : *Latet ultimus dies, ut observentur omnes dies* [152].

En effet, si nous connoissions précisément le jour et l'heure où nous mourrons, plus de pénitence dans la vie, plus d'exercice de piété ; tout seroit remis à la dernière année, et dans la dernière année, au dernier mois, et dans le dernier mois, à la dernière semaine, et dans la dernière semaine, au dernier jour, et dans le dernier jour, à la dernière heure, ou même au dernier moment [153]. Et de

[151] *Mat.*, XXV, 13.

[152] *S. Aug., Serm.* XXXIX, al. 13, *ex hom.* 50, num. 1 : *Diem mortis incertum salubriter constituit Deus : diem ultimum suum quisque salubriter cogitat. Misericordia Dei est quia nescit homo quando moriatur. Latet ultimus dies, ut observentur omnes dies. Migne*, t. XXXVIII, col. 241. Le manuscrit P. le donne sous cette forme : *Ideo latere voluit ultimum diem, ut ceteri caute observentur.*

[153] La leçon du manuscrit P. est plus pressante encore et encore plus familière: « Mais la mort, me direz-vous, est incertaine. Je ne suis pas assuré que je mourrai demain, et ce ne sera pas si tôt. Eh ! que voulez-vous conclure de là ? Et alléguerez-vous cette incertitude pour justifier vos négligences? Au contraire, sachez que c'est ce qui doit davantage servir à la preuve de ma proposition. Jésus-Christ auroit donc bien mal raison[né], quand il a dit : *Vigilitate. Vigilitate,* veillez. Et pourquoi ? Parce que vous ne savez ni le jour ni l'heure, ni le moment que la mort viendra et que vous serez peut-être surpris à l'heure que vous y pensez le moins : *quia nescitis horam.* L'unique raison et le plus puissant motif qui nous doit porter à travailler, c'est l'incertitude de l'heure et du moment de notre mort, parce que c'est ici que l'on peut appliquer justement ces mots et cette belle pensée de

là, plus de salut. Pourquoi? Parce que le moment de la
mort n'est ni le temps des bonnes œuvres, ni le temps de la
pénitence, et qu'on ne peut néanmoins se sauver que par

saint Augustin : *Ideo latere voluit ultimum diem, ut ceteri
caute observentur.* Si Dieu a voulu que l'heure de la mort fût
incertaine et son jour inconnu, ce n'étoit pas afin d'autoriser
notre négligence, mais afin de nous exciter à sanctifier tous
les autres, afin qu'en quelque heure que cette impitoyable
vienne, elle nous trouve toujours en bon état et prêts à la
recevoir; *ut ceteri caute observentur.* Ah! chrétiens, si Dieu
n'avoit eu cette admirable providence, que de crimes et de
désordres ne verrions-nous pas dans le cours de notre vie?
Nous aurions remis notre pénitence à la dernière année, au
dernier mois et au dernier jour. Que sais-je, moi, si nous
n'aurions pas encore remis de ce dernier jour, à la dernière
heure et au dernier moment? Ainsi, bien loin que cette
connoissance eût servi à la sanctification des moments de
notre vie, elle n'eût servi qu'à les corrompre. Avouez donc,
chrétiens, que l'incertitude de la mort ne doit pas être un
motif moins puissant pour nous exciter à travailler avec
ferveur, que sa proximité, et, par conséquent, que son souvenir
est capable de régler les mouvements criminels de nos
passions, non seulement les inconstances et les incertitudes
de nos délibérations, mais aussi d'exciter notre ferveur et
d'animer notre lâcheté, pour nous faire faire des actions qui
nous fassent mériter la grâce en cette vie et la gloire dans
toute l'éternité que je vous souhaite, etc. » — Cette finale
est écourtée, non seulement par rapport à celle de l'édition
(Ed. princeps, p. 47 et suiv.), mais aussi à la proportion donnée
au développement sur la proximité de la mort. On pouvait
attendre sur le chef de l'incertitude un développement moins
rapide. Mais nous avons eu souvent l'occasion de faire
remarquer que les sermons manuscrits, tels qu'ils ont été
recueillis par les copistes, ont souvent ces conclusions
brusques. Suivant toute apparence, c'est ainsi qu'ils furent
donnés, le prédicateur étant forcé, pour rester dans les limites
de l'heure fixée, de sacrifier une de ses subdivisions, parfois
même un de ses points. Ce n'est donc pas, loin de là, une
preuve de non authenticité, que la constatation de ce phéno-
mène, très naturel et très commun. Ne peut-on point conclure
de ce fait et d'autres analogues, par exemple, des divergences
si multiples entre les divers doublets d'un même sermon, que
Bourdaloue n'apprenait point un texte complètement écrit à
l'avance, au degré du moins où on l'imagine? Peut-être était-ce
sur un canevas très détaillé, sorte de tableau synoptique des
divisions et subdivisions, requérant déjà un exercice intense de

la pénitence et les bonnes œuvres [154]. Mais que fait Dieu? Par une conduite également sage et miséricordieuse, il nous tient dans une incertitude absolue touchant ce dernier moment, afin que nous nous tenions nous-mêmes en garde à tous les moments. Car quelle pensée est plus capable de nous renouveler sans cesse en esprit, que celle-ci : Peut-être ce jour sera-t-il le dernier de mes jours ; peut-être après cette confession, peut-être après cette communion, peut-être après cette prédication, peut-être

la mémoire, surtout avec la plénitude et la durée des discours, qu'il parlait, on ne peut dire d'abondance et d'improvisation, mais sans s'astreindre à garder ni reproduire jamais les mêmes formes de phrases. Ce sont là des conjectures qu'il est malaisé de vérifier, mais utile de soumettre à la critique. On a droit, du moins, de supposer que la nature et la profondeur des variantes ne peut ni ne doit être mise au compte des copistes seuls. Des lacunes de transcription, des remaniements faits après coup pour suppléer à des omissions, ne suffisent pas à expliquer ces formes divergentes.

[154] Cette idée que la mort n'est plus le temps des œuvres est reprise et développée dans le sermon *sur la Préparation à la mort*, à la fin du second point et dans son doublet du recueil Joursanvault: « Aussi n'attendez pas le temps de la mort, qui est l'avant-coureur de la venue du Fils de Dieu, pour aller au devant de lui ; n'attendez pas que le soleil soit éclipsé, c'est-à-dire que votre raison soit tombée dans de telles ténèbres qu'elle ne puisse plus s'en relever ; n'attendez pas que les astres tombent du ciel, c'est-à-dire que votre volonté soit impuissante à se convertir ; n'attendez pas que la lune perde sa clarté, c'est-à-dire que la confusion se jette dans tous vos sens. Prévenez tout cela, dit saint Chrysostome, et souvenez-vous que pour vivre en chrétien, il ne suffit pas de se préparer à la mort, mais qu'il faut déjà y être préparé ; parce que le Fils de Dieu, parlant à ses apôtres, ne leur dit pas : préparez-vous à la mort, mais : soyez préparés à la mort : *Estote parati*. Ne soyez pas semblables à ces vierges folles de l'Evangile. Elles étoient allées chercher de l'huile pour se préparer, et cependant, quand elles retournèrent, la porte leur fut fermée : *Nescio vos*. C'est ce qui arrive souvent quand on attend la mort à se préparer. On demande un confesseur ; on cherche tous les remèdes de la grâce ; on a recours aux sacrements de l'Eglise, mais il n'est plus temps, et Monsieur meurt avant que d'avoir fait sa confession. Il se prépare, il est vrai, et cependant il est réprouvé. Hé, pourquoi? parce qu'il ne faut pas se préparer, mais être préparé. »

après cette conversation, peut-être après cette occupation la mort *tout à coup* viendra-t-elle m'enlever du monde, pour me transporter devant le tribunal de Dieu? Quand on porte partout cette idée, et que partout on la conserve fortement imprimée dans son souvenir, bien loin de se relâcher et de se laisser abattre, il n'y a plus rien qui arrête, plus rien qui étonne, plus rien que l'on n'entreprenne, que l'on ne soutienne, à quoi l'on ne parvienne. On devient (belle peinture [155] d'une vie fervente, que l'Apôtre lui-même nous a tracée), on devient laborieux et appliqué : *Sollicitudine non pigri;* prompt et ardent, *spiritu ferventes;* infatigable dans le service du Seigneur, *Domino servientes;* détaché du monde, et uniquement attentif aux choses du ciel, *spe gaudentes*; patient dans les maux, *in tribulatione patientes;* adonné à l'oraison, *orationi instantes;* charitable envers ses frères, et toujours prêt à exercer la miséricorde, *necessitatibus sanctorum communicantes, hospitalitatem sectantes* [156] ; également fidèle à tout ce que l'on doit à Dieu, à tout ce que l'on doit au prochain. et à tout ce que l'on se doit à soi-même, *providentes bona, non tantum coram Deo, sed etiam coram omnibus hominibus* [157].

[155] Le mot *peinture* pris en ce sens, ést bien du temps, et l'on fait dans les compte-rendûs élogieux du *Mercure galant* un mérite à Bourdaloue de les avoir multipliées. Il faut entendre par là surtout des analyses, des définitions descriptives, ou même, comme dans le cas présent, de simples paraphrases. Le plus souvent c'étaient ce qu'on nomme encore des peintures de mœurs, ou les portraits, avec ou sans allusions, que les contemporains de Bourdaloue goûtaient en lui : « Pour mettre en son jour la solidité du cœur du Prince, écrivait le rédacteur du *Mercure*, racontant l'oraison funèbre de Condé par Bourdaloue, il crut qu'il le devoit dépeindre tout entier, mais avant que d'entrer dans cette peinture, il en fit une pour lui servir de prélude, de tous les défauts... Il peint des braves sans esprit, etc. (V. *Histoire critique*, p. 975.) « Il fit, dit ailleurs le même nouvelliste (en 1703), plusieurs portraits bien naturels des peines et des agitations dans lesquelles on vit dans le monde... (V. *ibid.* p. 928-930).

[156] *Rom.*, XIII, 11-13.

[157] *Ibid.*, 17.

Disons quelque chose de plus pressant encore [158] et
de plus convenable à ce que Dieu demande surtout de
nous dans ce saint temps où nous entrons. C'est un temps
de pénitence; et la grande action de notre vie, étant
pécheurs comme nous le sommes, c'est notre retour à
Dieu, c'est une sincère et parfaite conversion à Dieu. Or
n'est-ce pas sur cela même que nous sentons davantage
notre foiblesse, et que nous paroissons plus lâches et plus
irrésolus? Il s'agit de nous déterminer à rompre nos liens
par un généreux effort ; il s'agit de nous inspirer cette
ferveur de conversion qui ravit une âme, qui l'arrache au
monde et à elle-même, qui ne lui permet pas le moindre
délai; et voilà ce que doit faire l'incertitude de la mort.
Car, dites-moi, pécheur, à quoi serez-vous sensible, si
vous ne l'êtes pas au danger affreux où elle vous expose ?
Mourez dans votre péché, vous êtes perdu, et perdu sans
ressource ; mais tandis que vous y demeurez, n'y pouvez-
vous pas mourir, et n'y pouvez-vous pas mourir à chaque
moment, puisqu'il n'y a rien de plus incertain pour vous
et pour moi que la mort?

Je me trompe, chrétiens, il y a dans la mort quelque
chose de certain pour nous : et quoi? C'est que nous y
serons surpris. Le Sauveur du monde ne s'est pas contenté
de nous dire : veillez, parce que vous ne savez ni le jour
ni l'henre que viendra le Fils de l'homme; il ne s'en est
point tenu là : mais il a expressément ajouté : veillez,
parce que le Fils de l'homme viendra à l'heure que vous
ne l'attendez pas. Est-il rien de plus formel que cette
parole? Et l'infaillibilité de cette parole, n'est-ce pas encore
ce qui redouble mon crime, quand je vis tranquillement
dans mon péché et que je néglige ma conversion ? Si ce

[158] On trouve fréquemment ces formes oratoires qui mon-
trent bien, comme les appels : suivez-moi, etc., signalés
par Sainte-Beuve, (cf. plus haut, note 30) que le prédicateur ne songe qu'à son œuvre. Ces procédés du reste appar-
tiennent à la langue oratoire du temps. Bourdaloue répète
souvent : « disons quelque chose de plus *sensible*. »

divin Maître ne m'avoit dit autre chose, sinon que le temps de la mort est incertain, peut-être serois-je moins coupable. Puisqu'il est incertain, dirois-je, je n'ai pas perdu tout droit d'espérer. Je suis un téméraire, il est vrai, d'en vouloir courir les risques : mais enfin ma témérité ne détruit pas absolument ma confiance. Je puis être surpris ; mais aussi je puis ne l'être pas ; et dans la conduite que je tiens, tout aveugle qu'elle est, j'ai du moins encore quelque prétexte. Ainsi raisonnerois-je. Mais après la parole de Jésus-Christ, il ne m'est plus permis de raisonner de la sorte ; et je dois compter de mourir à l'heure que je n'y penserai pas. Le Fils de Dieu ne me l'a fait connoître que par là, cette heure fatale [159]. Tout ce que je sais, mais

[159] Dans un sermon inédit *sur le délai de la Pénitence*, Bourdaloue touche aussi brièvement mais, avec vigueur, cet argument : « Mais que ces mêmes gens-là, dit le Sage, que ces pécheurs qui se moquent de Dieu sachent qu'à la mort, Dieu, à son tour, en fera un mépris juste. Il est étrange que tout le monde sache cette parole terrible, mais il est encore plus surprenant qu'on l'entende sans trembler : *Quia vocavi et renuistis, quia extendi manum et non erat qui respiceret... ego autem in interitu vestro ridebo et subsannabo (Prov., I, 24-26).* Parce que je vous ai appelé et que vous avez refusé de venir, parce que je vous ai tendu la main et que vous n'avez daigné me regarder, sachez que je me moquerai de vous à votre mort, et que je me raillerai. Ou vous serez enseveli dans l'eau, en passant dans un navire, ou Dieu permettra qu'une maladie vous surprenne et que vous n'ayez pas le temps de penser à vous. Combien de personnes sont-elles emportées par des fièvres violentes ! Combien de pécheurs, attaqués en guerre, font naufrage dans la mer, lors même qu'ils sont maîtres du choc, et qu'il semble que Dieu prenne plaisir d'abîmer ! Je ne veux pas dire qu'il n'y ait du hasard ; mais n'y a-t-il pas un grand sujet de craindre ? *Mea est ultio*, dit Dieu chez le prophète (*Deut.*, XXII, 35). Combien de fois ne fait-il pas retentir ces paroles redoutables à vos oreilles : *qua hora non putatis filius hominis veniet :* c'est à moi qu'appartient la vengeance ; à l'heure que vous ne pensez pas, le Fils de l'homme viendra pour vous juger. Enfin, quelquefois, le pécheur qui se flatte de sa jeunesse, de sa santé, de son embonpoint, croit qu'il a encore longtemps à vivre. — Hé quoi, voudriez-vous que je troublasse mes plaisirs par la pensée de la mort ? Je ne crois pas sitôt mourir. — Hé ! malheureux, c'est

ce que je sais à n'en pouvoir douter, c'est que le jour de
ma mort sera pour moi un jour trompeur : *Qua hora non
putatis* [160]. Après cela, ne faut-il pas que j'aie moi-même
conjuré ma perte, si dans le désordre où je suis, et me
voyant exposé à toute la haine et à toutes les vengeances
de mon Dieu, je ne prends pas de justes et de promptes
mesures pour me remettre en grâce avec lui, et pour
prévenir par la pénitence le coup dont il m'a si hautement
et tant de fois menacé? Y avez-vous jamais fait, chrétiens,
je ne dis pas toute la réflexion nécessaire, mais quelque
réflexion ? Maintenant même que je vous parle de la mort,
pensez-vous à la mort, ou y pensez-vous bien ? y pensez-
vous attentivement ? y pensez-vous chrétiennement ? y
pensez-vous efficacement? Mais si vous n'y pensez pas, à
quoi pensez-vous ? et si vous n'y pensez pas à présent,
quand y penserez-vous, ou qui jamais y pensera pour
vous ? Heureux qui n'attend pas à y penser, lorsqu'il
ne sera plus temps d'y penser ; heureux qui y pense dans la
vie ! C'est ainsi que la mort, châtiment du péché, en sera
pour nous le remède. Elle est entrée dans le monde par le
péché ; mais si nous la considérons comme les saints, si
nous y pensons comme les saints, elle nous fera entrer
comme eux, par la grâce, dans l'éternité bienheureuse que
je vous souhaite, etc.

pour cela que tu dois trembler. Le Fils de Dieu n'a-t-il pas
dit qu'il viendra quand tu n'y penseras pas ? *Qua hora non
putatis.* » (Ms. O, fr. 24855, fol. 82).

[160] *Luc.*, XII, 40. *Et vos estote parati, quia qua hora non
putatis Filius hominis veniet.*